100%
台湾の味

Taiwan sauce
TAIWAN flavor.

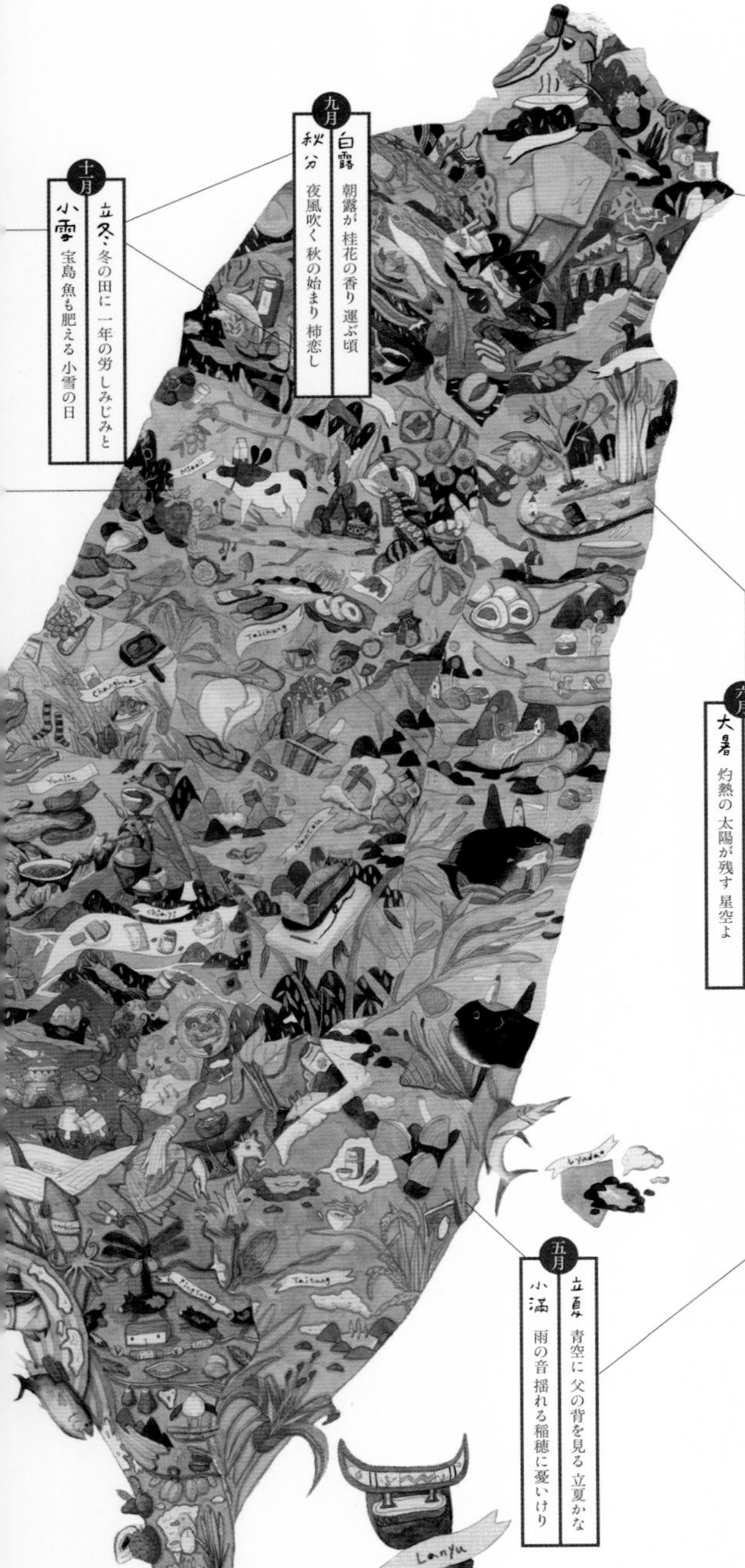

十月
寒露　初嵐 麦育つ地に 風が舞う
霜降　風愁い 白化粧の山 すすき揺れ

九月
白露　朝露が 桂花の香り 運ぶ頃
秋分　夜風吹く 秋の始まり 柿恋し

十一月
立冬　冬の田に 一年の労 しみじみと
小雪　宝島 魚も肥える 小雪の日

六月
小暑　夏間近 蝉の声聞く 若き日々
大暑　灼熱の 太陽が残す 星空よ

四月
清明　風の中 先人語らう 清明節
穀雨　深緑 穀雨に育つは 春の茶葉

五月
立夏　青空に 父の背を見る 立夏かな
小満　雨の音 揺れる稲穂に 憂いけり

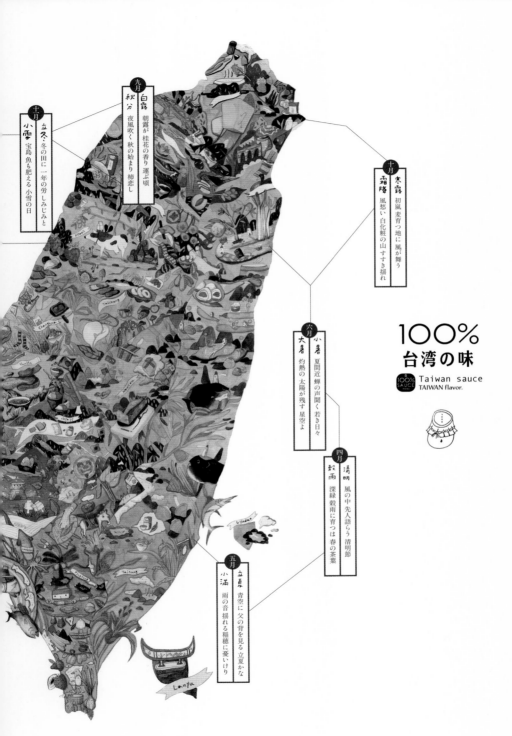

台湾の美味しい調味料

台湾醤

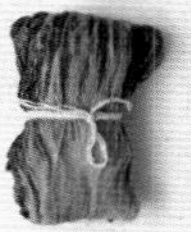

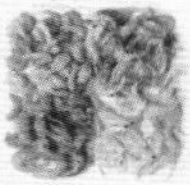

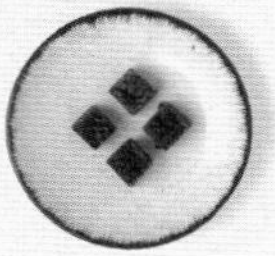

百 100 SAUCE -FOOD-

Taiwan sauce

種籽設計

SEEDDESIGN

SE SHOEISHA

台湾の美味しい調味料

台湾醤

［目次］

百分百台灣味
100%
Taiwan sauce

台湾の味ってどんな味？

台湾の味ってどんな味？伝統食？懐かしの味？
本書では台湾を代表する30種類の食材を使って
30種類の調味料＝醤《ジャン》を作ります。
さらに1つの醤から6つの料理を展開。
季節の食材と組み合わせたり、
世界各国の料理をアレンジしたり。
台湾を100%味わえる
180のレシピをお楽しみください。

一月
小寒　小寒に 雑穀食して 春を待つ
大寒　年の暮れ 凍てつく朝も 心新たに

二月
立春　春が立ち 笑顔を照らす 陽の光
雨水　雨水に 春の芽吹きも 清められ

三月
驚蟄　春雷に 茂る草木も 驚きて
春分　春分に 色づきかける 幸の花弁

七月
芒種　豊作の 期待を込める 芒種の日
夏至　紅色の 夕焼け仙女の 頬に似て

八月
立秋　秋が立ち 桃色の頬 七夕の夜
処暑　処暑の熱 涼と交わる 夕日かな

十二月
大雪　青空に 薄雲かかり 山は雪
冬至　冬至の夜 白玉囲み 和が育つ

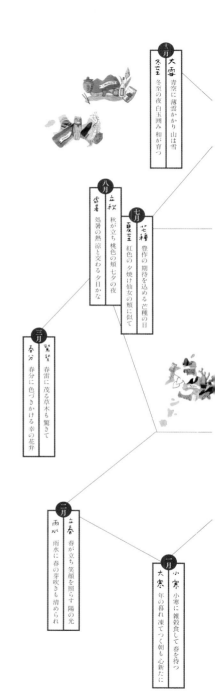

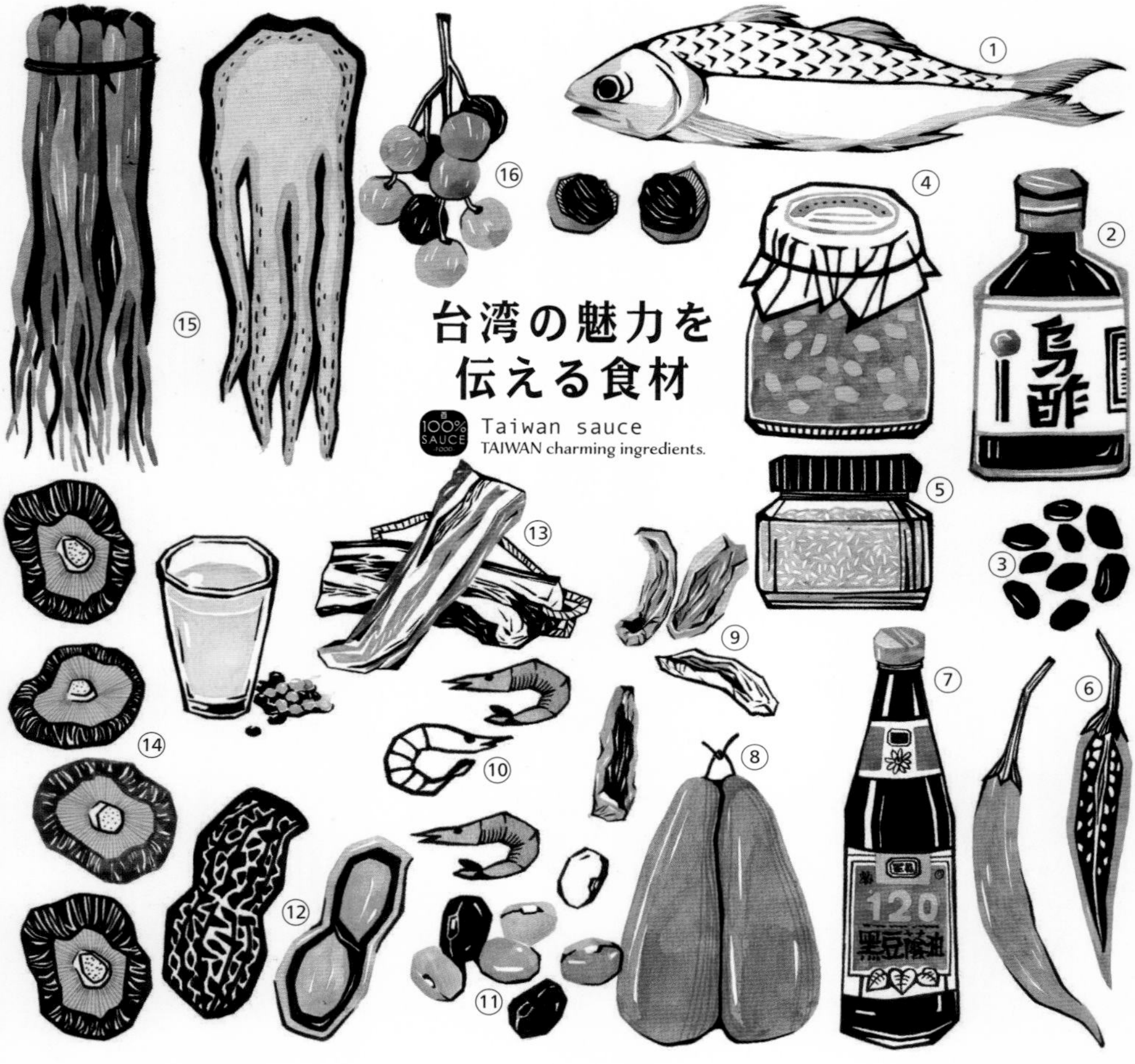

台湾の魅力を伝える食材

Taiwan sauce
TAIWAN charming ingredients.

台湾を代表する
30種類の
暮らしに欠かせない
素材を選びました。
これらの食材で
醤を手作りしていきます。

① 塩漬け魚
② 黒酢
③ 豆鼓
④ 豆板醤
⑤ 甘酒
⑥ 辣油（唐辛子）
⑦ 醤油
⑧ からすみ
⑨ 干し大根
⑩ 干し海老
⑪ 緑豆
⑫ ピーナッツ
⑬ 塩漬け豚肉
⑭ 椎茸
⑮ 生薬
⑯ 乾燥龍眼
⑰ パイナップル
⑱ 葱、にんにく、ニラ
⑲ 腐乳
⑳ 干し野菜
㉑ 芥子菜の塩漬け
㉒ 葡萄
㉓ 破布子
㉔ 塩漬け卵
㉕ 胡麻油
㉖ フライドエシャロット
㉗ 黒糖
㉘ タロイモとサツマイモ
㉙ 米酒
㉚ 生姜

食物風土

Taiwan sauce
TAIWAN charming ingredients.

本書の見方

Taiwan sauce
Everything useful.

【一章　漬物類】

醬缸裡的滴滴答答。

[瓶に詰まった美味しさ]

漬物や発酵食品を使った醤を紹介する章です。

【二章　乾物類】

太陽與風拂拂曬曬。

[太陽と風の恵み]

乾物を使った醤の章です

【三章　穀類】

一樣米要飼百樣人。

[米は米でも千差万別]

米や豆など穀類を中心に扱う章です。

【四章　香りと果物】

靠山吃山靠海討海。

[海のものと山のもの]

香味野菜や果物を使った醤です。

【五章　調味料類】

謝天謝地吃飽吃巧。

[今日のご馳走を天地に感謝]

台湾の暮らしに欠かせない調味料を使った醤です。

秋分

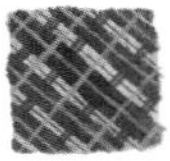

梨 / 梨の和え物

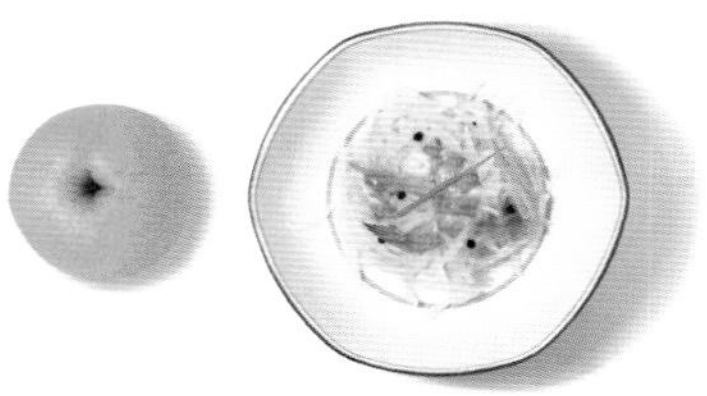

材料

海老……8匹
苦茶油（又はオリーブ油）……小さじ1
白酒（高粱酒）……大さじ1
梨（千切り）……1個分
金柑と干し大根の醤……大さじ½

作り方

1 海老を油で炒め、白酒を回しかけて鍋から取り出し、皮を剥いておく。

2 梨の千切りを、金柑と干し大根の醤とよく混ぜ合わせたあと、海老と絡めれば完成。

5min

立冬

台湾オレンジ / スペアリブのオレンジ煮

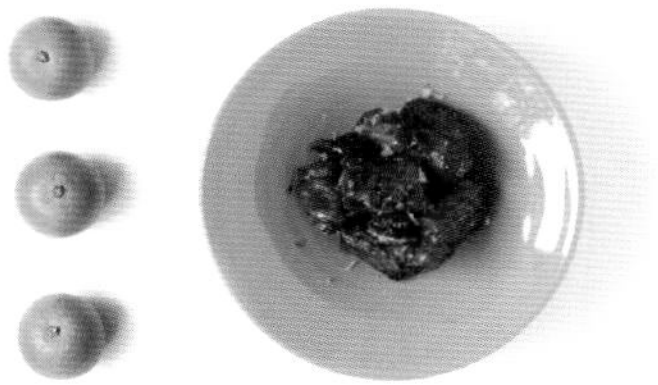

材料

スペアリブ……350g
生姜（薄切り）……4枚
にんにく……2片
米酒……大さじ1
醤油……小さじ½
金柑と干し大根の醤……大さじ½
オレンジの絞り汁……200cc
水……300cc

作り方

1 フライパンでスペアリブに焦げ目を付けたあと、生姜とつぶしたにんにくを加えて香りを出し、さらに米酒を入れる。

2 1に醤油、金柑と干し大根の醤を加えて香りが出たところでオレンジの絞り汁と水を加える。煮立ったら弱火にして20分ほど煮詰めれば出来上がり。

30min

台湾醤と
異文化

イタリア

煮込み

Italy

カチャトーラ

狩猟が盛んだったかつてのヨーロッパで狩人たちが狩りの間に食べていたといわれる煮込み。手に入りやすい鳥類を使うことが多かったとか。トマトや現地で採れた香辛料を加えて野外で火を起こし、じっくり煮込んでいました。

材料

鶏もも肉……1枚
トマト……2個
玉葱……½個
にんにく……2片
金柑と干し大根の醤《ジャン》……大さじ2
水……適量
塩……適量
パセリのみじん切り……小さじ½

作り方

1 鶏もも肉をぶつ切りに、トマトと玉葱は角切りにする。

2 フライパンなどで鶏もも肉の両面に焼き色を付けたら取り出し、同じ鍋に玉葱とつぶしたにんにくを入れて炒め、香りが出たらトマトを加える。そこに金柑と干し大根の醤《ジャン》、鶏もも肉、かぶる位の水を加え、煮立ったら火を弱めて15分ほど煮込む。

3 最後に塩で味を整え、パセリを散らせば出来上がり。

台湾醤と

相思相愛

大根風味の塩アイスクリーム

100% SAUCE

材料

プレーンヨーグルト……400g
金柑と干し大根の醤《ジャン》……大さじ3
ラム酒……大さじ3

作り方

1 すべての材料をよく混ぜ合わせ、ステンレス容器に入れて冷凍庫で保存する。
2 1時間毎に取り出してスプーンでさっくり混ぜる。これを5回繰り返す。

ヨーグルト

高原の遊牧民たちが見つけた美食。乳酸菌の発酵によって作られる濃厚なミルク粥のようです。その歴史は世界三大宗教発祥までさかのぼり大自然の知恵と神秘さえ感じられます。

ラム酒

西インド諸島が起源とされる、船乗りや海賊たちが海の上で作ったお酒です。サトウキビの糖蜜を原料とし、発酵や蒸留を経て木樽で熟成させます。琥珀色のラム酒は千里までも香ります。

醬缸裡的滴滴答答

「瓶に詰まった美味しさ」

醤に使う
台湾食材

豆鼓《とうち》

Black Soy Bean

目には見えない美味しさの変化

一粒の生豆と豆鼓の間には
積み重ねられた知恵と長年の発酵があります。
生豆を蒸して、蓆《むしろ》に並べ、麹《こうじ》を加え、水洗いし
塩に漬け、発酵させ、さらに蒸してから干します。
「鼓」という字は
この一連の伝統作業から生まれました。
生豆は、目には見えない微生物の働きで
豆鼓へと熟成していくのです。
肉炒め、蒸し魚などにもよく合い
実は兄貴分の豆板醤とも相性が良いので
隠し味にプラスすると本格的な味に。

台湾醤と
相思相愛
豆豉醤と涼皮《リャンピー》
100% SAUCE

材料

涼皮（米粉麺）……300g
セロリ……適量
豆豉と茄子の醤……大さじ2
白胡麻油……小さじ1

作り方

1 涼皮を食べやすい長さに切り、セロリはみじん切りに。
2 豆豉と茄子の醤と白胡麻油を涼皮と混ぜ、最後にセロリを散らします。

涼皮《リャンピー》
「白、薄、光、柔、醸、香」。涼皮を表す6文字です。白く、薄く、柔らかく、綿のようになめらかな米粉の麺。台湾では身近な存在です。

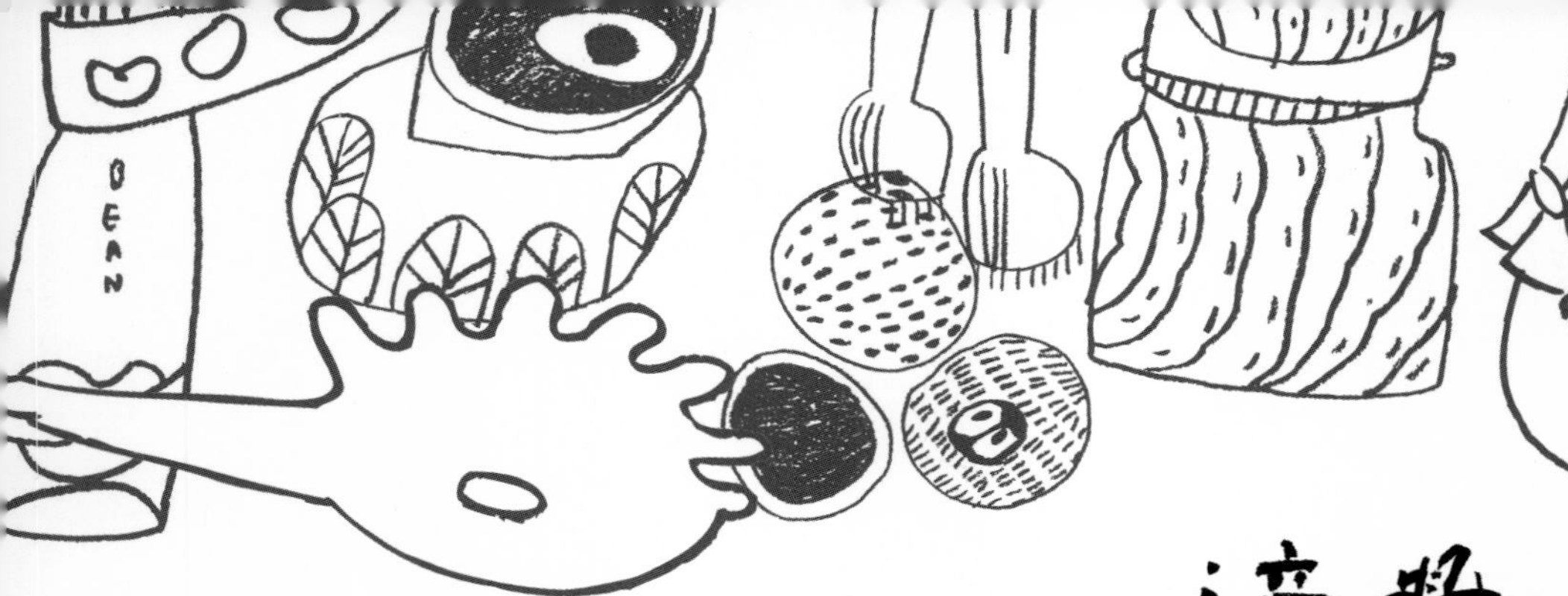

醬缸裡的滴滴答答

［瓶に詰まった美味しさ］

醤に使う
台湾食材

破布子《ハブシ》

Sebastan Plum Cordia

一粒ひとつぶに、旨味がぎっしり

低い木に実をつける破布子《ハブシ》。
樹子とも呼ばれるその葉は虫食いが多く
破けて、完全な形を保つものがありません。
見てくれもいまひとつ。
名前にも華はありませんが
台湾生まれ、台湾育ちの旨味なのです。
夏は芒種の頃に実をつける破布子。
蒸し魚や卵焼きに大活躍する
長年愛され続けた台湾の味です。

Taiwan pure=sauce

手作り醤

台湾の母とイタリアのママの美味しい関係

トマトと破布子の醤《ジャン》

東と西の交わるところ
トマトと破布子の新食感

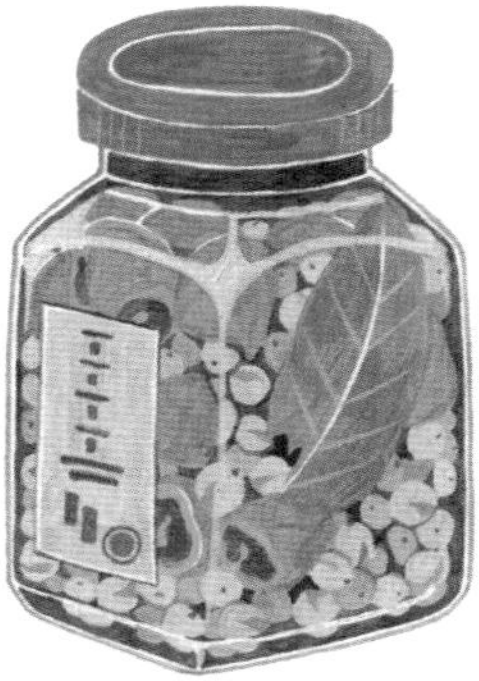

- 美味しい期間 -

未開封冷蔵 30 日

油

材料

ミニトマト……600g
にんにく……2片
破布子……300g
苦茶油（又はオリーブ油）……500cc
月桂樹の葉……1枚

作り方

1 ミニトマトは洗って半分に切り、100℃のオーブンで皮がシワシワになるまで4時間焼く。

2 にんにくを薄切りにし、ミニトマトを4時間焼いた後、更に1時間オーブンに入れて一緒に焼く。

3 洗って乾かした破布子を熱したフライパンで水分がなくなるまで乾煎りする。

4 2と3、油をガラス瓶に入れ、最後に月桂樹の葉を加え蓋をする。

1 にんにく

にんにくは春夏に収穫され、乾燥させて保管されます。調味料としても、薬としても使われます。

2 破布子

葉に常に虫食い穴が空くために破布子という名前が付きました。苦味と渋みがあるものの、調味料として使われます。煮魚や豆腐との相性が抜群。

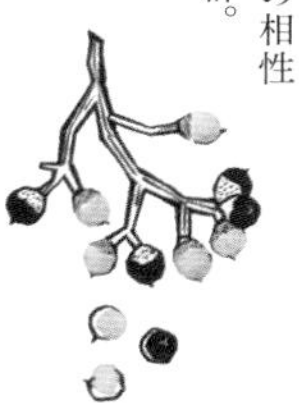

3 苦茶油

苦茶油は台湾でよく使われる質の良い油。日本では入手が難しいのでオリーブ油で代用可。

月桂樹の葉 4

苦味と辛味を帯びた葉で、乾燥させると華やかな香りが際立ちます。煮込みや海鮮との相性が良く、地中海料理でよく使われます。ギリシャ神話では栄誉の象徴。

トマト 5

糖度が高く、野菜でもあり果物でもあるトマト。特にミニトマトは台湾全土で一年中栽培されており品種も様々です。

台湾醤と
季節の素材

風土食物

Taiwan
pure=sauce

トマトと破布子の醤 × 節句の食材

春分

筍 / 筍の醤炒め

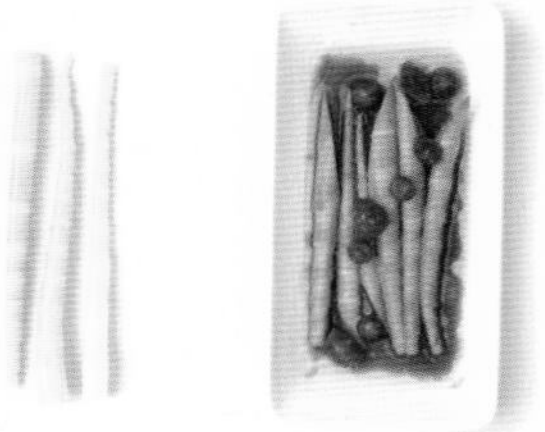

材料

筍（矢竹）……300g
苦茶油（又はオリーブ油）……小さじ1
トマトと破布子の醤……大さじ1と½
醤油……小さじ½
塩……適量

作り方

1 筍は茹で、食べやすい長さに切る。
2 油を引いたフライパンに筍を入れて炒め、そこにトマトと破布子の醤を入れて醤油を加える。さらに水を加えて蓋をし、煮汁がなくなるまで蒸し焼きに。
3 最後に塩で味を調える。

10min

芒種

マンゴー / マンゴーの冷菜

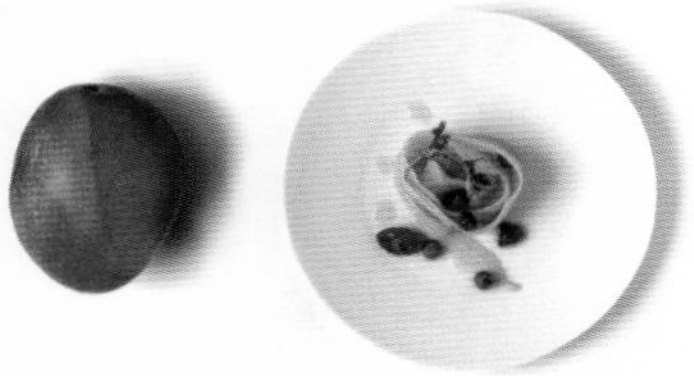

材料

マンゴー……2個
トマトと破布子の醤……大さじ2
檸檬汁……小さじ½

作り方

1 マンゴーは皮を剥いて細長く切る。
2 トマトと破布子の醤と檸檬汁で和えれば出来上がり。

60sec

秋分

虱目魚《サバヒー》 / 虱目魚の香り焼き

材料

苦茶油（又はオリーブ油）……大さじ1
虱目魚（台湾でポピュラーな白身魚。白身魚で代用可）の切り身……1枚
生姜の千切り……小さじ½
トマトと破布子の醤……大さじ1と½
醤油……小さじ½
水……適量

作り方

1 フライパンで油を熱し、虱目魚の両面をよく焼く。
2 生姜の千切りとトマトと破布子の醤を入れて香りが出るまで炒め、醤油を入れる。適量の水を入れ、汁気がなくなるまで炒める。

20min

小寒

エリンギ / エリンギの炭火焼き風

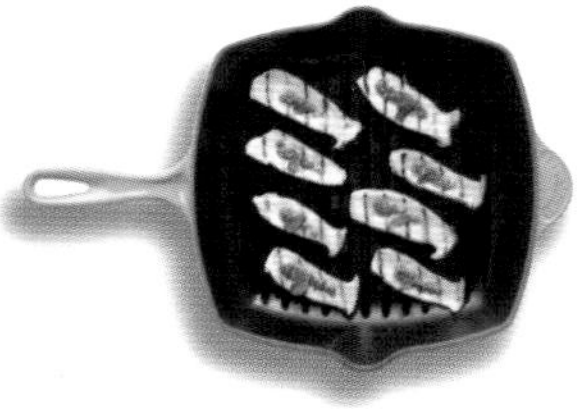

材料

エリンギ……4本
苦茶油（又はオリーブ油）……小さじ½
トマトと破布子の醤……大さじ1
塩……少々
台湾バジル……少々

作り方

1 エリンギを5ミリの厚さに切る。
2 鉄製のフライパンに薄く油を引き、エリンギの両面をよく焼く。
3 焼けたエリンギにトマトと破布子の醤と塩をのせ、最後に台湾バジルで飾り付ける。

15min

台湾醤と
異文化

煮込みスープ

ウクライナ

Ukraine

ボルシチ

長時間、鍋で煮込むことで
様々な野菜が調和します。
煮込みながら味付けし、味付けしながら味見して
野菜の変化を楽しみましょう。
酸味の中に甘味があり、
アツアツでも冷やしても食べられます。

材料

苦茶油（又はオリーブ油）……適量
牛肉……200g
玉葱……1個
じゃがいも……1個
人参……1本
ビート……1個
トマトと破布子の醤……大さじ4
水……適量
塩……適量

作り方

1 厚手の鍋に油を入れて熱し、食べやすい大きさに切った牛肉を表面に焼き色が付くまで焼き、取り出しておく。

2 玉葱を炒め、香りが出たらじゃがいも、人参、ビートの順に入れて炒め、最後のトマトと破布子の醤を入れて香りを出す。

3 牛肉とひたひたの水を加え、煮立ったら弱火にして25分煮込み、最後に塩で味を調える。

台湾醤と 相思相愛 トマトパスタ

100% SAUCE

材料

ファルファッレ……………400g
苦茶油（又はオリーブ油）……小さじ½
トマトと破布子の醤………大さじ4
塩……………………………適量

作り方

1 ファルファッレを茹で、湯を切って油をからめる。
2 ファルファッレにトマトと破布子の醤と塩をよく混ぜれば出来上がり。パセリやバジルを散らしても。

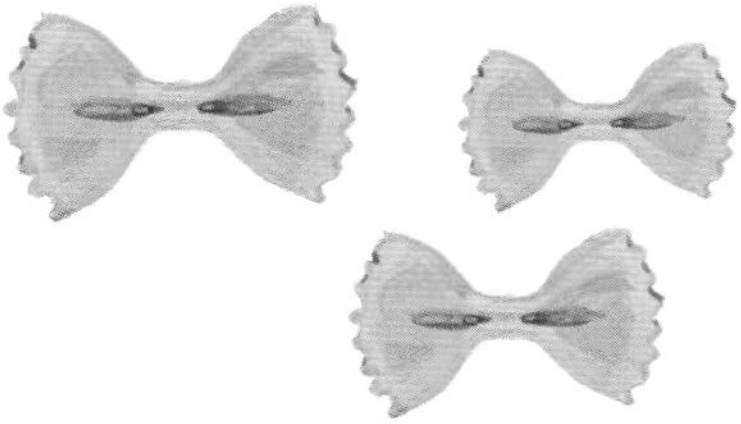

パスタ

小麦、卵、水をこねて生まれた、風土と人の手がもたらす芸術品。目と舌で楽しむことのできる様々な形と食感はイタリア人のユーモアそのもの。色々な表情を持つパスタを楽しんで。

醬缸裡的滴滴答答

［瓶に詰まった美味しさ］

醤に使う
台湾食材

芥子菜《からしな》の塩漬け

Salted Vegetables

漬物にしかできないこと

私たちは幸運です。
古くからの知恵が受け継がれた現代に生き
ザーサイと豚肉の炒めものや
青菜の塩漬けで完成する豚の角煮を
料理し、味わうことができるのだから。
台湾の塩漬けの多くは
芥子《からし》菜を使って作られます。
干して、塩漬けにして、発酵させて……。
作り方は地域や家庭によって様々ですが
新鮮なサラダにもひけをとらない
旨味と、歴史と、人情があるのです。

28

台湾醤と 相思相愛 湯葉の和え物

100% SAUCE

材料

乾燥忘れ草……10本
パクチー……適量
苦茶油（又はオリーブ油）……適量
湯葉（生、または水で戻したもの）……3枚
梅干菜とオリーブの醤……大さじ1
水……300cc

作り方

1 乾燥忘れ草を分量外の水に浸けて戻し、水を切る。パクチーはみじん切りにする。

2 フライパンに油を入れて両面に色が付くまで湯葉を炒め、忘れ草、梅干菜とオリーブの醤、水を加え、湯葉に汁を十分に吸わせる。フライパンから取り出し、パクチーを散らせば出来上がり。

湯葉

大豆をすりおろして煮た後、表面にできた薄いきつね色の膜を串ですくい上げ、乾かして一枚一枚重ねます。豆の濃厚な香りと滑らかな舌触り。台湾で食べられている素食《ベジタリアン》料理の多くは、この食材に頼っているのです。

乾燥忘れ草

母親を象徴する忘れ草。自律神経を整え精神を安定させる働きがあるそう。夏から秋にかけてが収穫期ですが、花が開く直前の蕾《つぼみ》の状態で収穫するため「一日百合」とも呼ばれます。乾燥させたものを水で戻し、煮物に色を添える存在です。

醬缸裡的滴滴答答

[瓶に詰まった美味しさ]

醬に使う
台湾食材

豆板醬

Bean Paste

進化した豆

偶然から生まれ、百年経っても変わらず
私たちの暮らしの必須となった味があります。
発酵した豆に唐辛子を加えたのが
四川の魂ともいえる豆板醬。
四川生まれの牛肉麺が台湾で進化したように
豆板醬もまた、台湾に根を下ろし
この土地独特の進化を遂げました。

材料

苦茶油（又はオリーブ油）……大さじ2
花椒の粒……大さじ1
生姜（薄切り）……大さじ3
にんにく（薄切り）……大さじ3
豆板醤……大さじ5
沙茶醤……大さじ1
唐辛子ソース……大さじ1
八角……3個
クローブ……6個
醤油……大さじ3

作り方

1 フライパンに油を入れ、花椒、生姜、にんにくを炒めた後、取り出して残りの油で豆板醤、沙茶醤、唐辛子ソース、八角、クローブを炒める。

2 1のフライパンに醤油を入れ、クローブと八角を香りが立つまで炒めたら取り出す。

Taiwan
pure=sauce

手作り醤

身体を温める冬の定番

旨辛豆板醤

一口食べれば
胃も温まる

- 美味しい期間 -

未開封冷蔵
30 日

辛

1 クローブ

クローブは花の蕾。乾燥させたあと、料理やお香、漬物の食材として活躍します。

2 八角《はっかく》

茴香《ういきょう》科の植物の果実を乾燥させたもの。甘い香りが漂います。そのまま使ったり、粉にして使ったり。八角形に似た形から名付けられました。

3 沙茶《さちゃ》

大量のヒラメと干し海老から作られる沙茶は、塩気が効いていて焼肉や火鍋に欠かせない存在。厨房に必須の隠し味でもあります。

4 花椒《かしょう》

痺れる辛味を持ち、大粒で皮が赤いものが良いとされます。料理の臭みを消し旨味を増します。

5 豆板醤

大豆か空豆に小麦粉を加え発酵させ胡麻油を入れたもの。茶褐色のものはつけダレに。赤いものは辛いので調味料として。

唐辛子 6

同じ赤唐辛子でも、メキシコ風味、タイ風味、四川風味と様々。台湾風味もあるのです。

にんにく 7

毎日使うにんにく。台湾では産地や流通の事情によって価格の上下が激しい野菜です。

醤油 8

豆と麹の相互作用で生まれる醤油は常にアジア料理の重鎮。独特な味わいはすべてここから生まれます。

生姜 9

香りの中にピリリと辛味を持つ生姜。可愛らしい黄色で、塩や砂糖とも好相性。柔らかい新生姜も硬い生姜もそれぞれ役割があります。

苦茶油 10

遥か遠くイタリアからやってきたオリーブ油も美味しいですが、台湾生まれの苦茶油にも良さがあります。

台湾醤と
季節の素材

風土食物

Taiwan
pure=sauce

旨辛豆板醤 × 節句の食材

清明

枝豆 / 麻婆豆腐

15min

材料

枝豆……150g
苦茶油（又はオリーブ油）……適量
旨辛豆板醤……大さじ1
水……200cc
豆腐……1パック

作り方

1 枝豆は熱湯で茹でた後、氷水に浸けて殻から出す。

2 フライパンを熱して油を入れ、旨辛豆板醤を強火で炒めたら水を入れ、角切りにした豆腐を入れる。煮立ったら中火にして豆腐に味が染みるまで煮込み、仕上げに枝豆を入れて出来上がり。

小満

マコモダケ / 五更腸旺《ウーゲンチャンワン》（モツ煮込み）

120min

材料

鴨の血の煮こごり……200g
マコモダケ……200g
酸菜……適量
青葱……3本
生姜……20g
豚の大腸（長いままのもの）……2本
苦茶油（又はオリーブ油）……大さじ1
旨辛豆板醤……大さじ2
水……大さじ3
片栗粉……小さじ¼

作り方

1 鴨の血の煮こごりは食べやすい大きさに、マコモダケは乱切りに、酸菜と青葱は適度な長さに、生姜は薄切りにする。

2 大腸、青葱、生姜を一緒に湯がき、大腸に竹串が通るまで1時間半ほど煮て取り出す。

3 フライパンに油を入れ旨辛豆板醤を炒め、水を加えて、鴨の血、マコモダケ、酸菜、大腸を煮る。

4 仕上げに水溶きした片栗粉でとろみをつけてから葱を散らせば出来上がり。

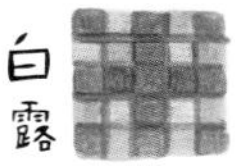

茄子 / 焼き茄子豆板醤

材料

茄子……3本
旨辛豆板醤……大さじ1
水……大さじ2

作り方

1 茄子は数センチの長さに切る。丸い日本の茄子なら乱切りに。
2 分量外の水を鍋で熱し、沸騰したら茄子を入れる。茄子が浮かび上がると酸化して変色するのでフタで押さえて。熱した後、氷水に入れてから水を切る。
3 旨辛豆板醤に水を加えて煮たら、茄子にかける。

20min

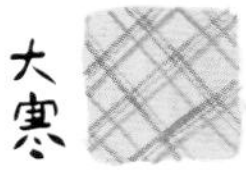

大根 / 旨辛牛肉麺

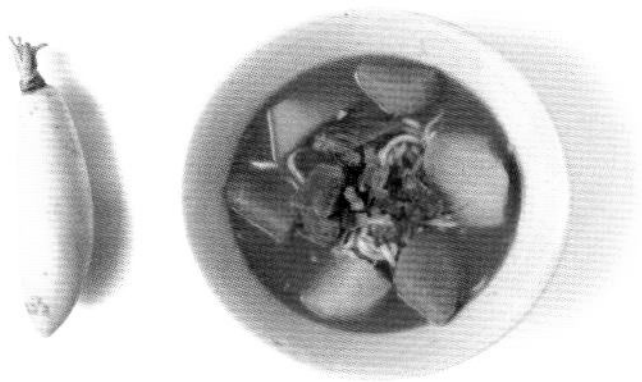

材料

大根……½本
人参……1本
牛すじ肉……1塊
水……2000cc
苦茶油（又はオリーブ油）……適量
旨辛豆板醤……大さじ3
麺……400g

作り方

1 大根と人参は乱切りに、牛すじ肉は茹でこぼして洗って食べやすく切っておく。
2 鍋で水を沸騰させる。
3 フライパンに油を入れ、牛すじ肉を旨辛豆板醤で炒める。大根と人参を入れてさらに炒めた後、2の鍋に入れて煮る。
4 煮立ったら弱火にして1時間半～2時間ほど、好みの柔らかさまで煮込む。
5 食べるときは麺を別の鍋で茹で、4のスープに加える。

150min

台湾醤と異文化

混ぜごはん

韓国

Korea

石焼野菜ビビンバ

アツアツの石鍋に食材を盛り、胡麻油をたらします。石鍋表面にくっついたご飯は程よいおこげに。パリパリの食感を楽しめます。韓国では「お嫁さんのまかないメシ」ともいわれるとか。

材料（4人分）

白胡麻油……大さじ1
にんにく（すりおろし）……大さじ1
塩……小さじ¼
ほうれん草……60g
モヤシ……60g
人参……60g
昆布……60g
牛肉の薄切り……200g
旨辛豆板醤……大さじ3
苦茶油（又はオリーブ油）……小さじ1
ご飯……茶碗4杯分
キムチ……120g
卵の黄身……4個分
水……大さじ1と½

作り方

1 白胡麻油、にんにく、塩を混ぜておく。ほうれん草、モヤシ、人参、昆布は茹で、氷水に浸けてから水を切っておく。
2 牛肉の薄切りを少量の旨辛豆板醤に漬け、油で炒めておく。
3 石鍋の内側に薄く白胡麻油を引いた後、ご飯を入れ、上にほうれん草、人参、昆布、キムチ、モヤシの順に並べて中央に牛肉を置き、上から卵の黄身を落とす。
4 石鍋をコンロの上に置き、5分ほど加熱する。ジージーと音がしてきたら火を止め、残りの旨辛豆板醤に水を加えて混ぜたものをご飯の上からかける。食べるときは具材とご飯をよく混ぜる。

台湾醤と
相思相愛

京《ジン》醤《ジャン》肉《ロウ》絲《ス》

100% SAUCE

材料

青葱……………………4本
豚肉…………………300g
コーンスターチ…………適量
苦茶油（又はオリーブ油）……大さじ2
甜麺醤……………………大さじ1
腐乳とパクチーの醤………大さじ1
餅皮………………………8枚

作り方

1 青葱はぶつ切りにして氷水につける。豚肉は細切りにしてコーンスターチと混ぜておく。
2 フライパンに油を入れ、豚肉を色が変わるまで炒めたら取り出す。
3 2のフライパンで甜麺醤を炒め、腐乳とパクチーの醤を入れ、ここに2を戻して炒める。
4 食べるときは餅皮で葱と3を巻く。

甜麺醤《テンメンジャン》

小麦粉に麹《こうじ》を加えて醸造した醤で、時間を経て茶褐色となり、甘みを増します。麺と和えたり、北京ダックに添えたり、炒めものにプラスしたりと使い方は様々です。

餅皮《ビンピー》

荷葉《かよう》とは蓮の葉。蓮の葉のように丸い形から荷葉餅皮《ハーイエビンピー》と呼ばれます。熱湯と強力粉をこねた生地を薄く伸ばして焼いた皮はモチモチとして弾力があり、北京ダックを巻いたり、京醤肉絲を巻いたりと活躍します。

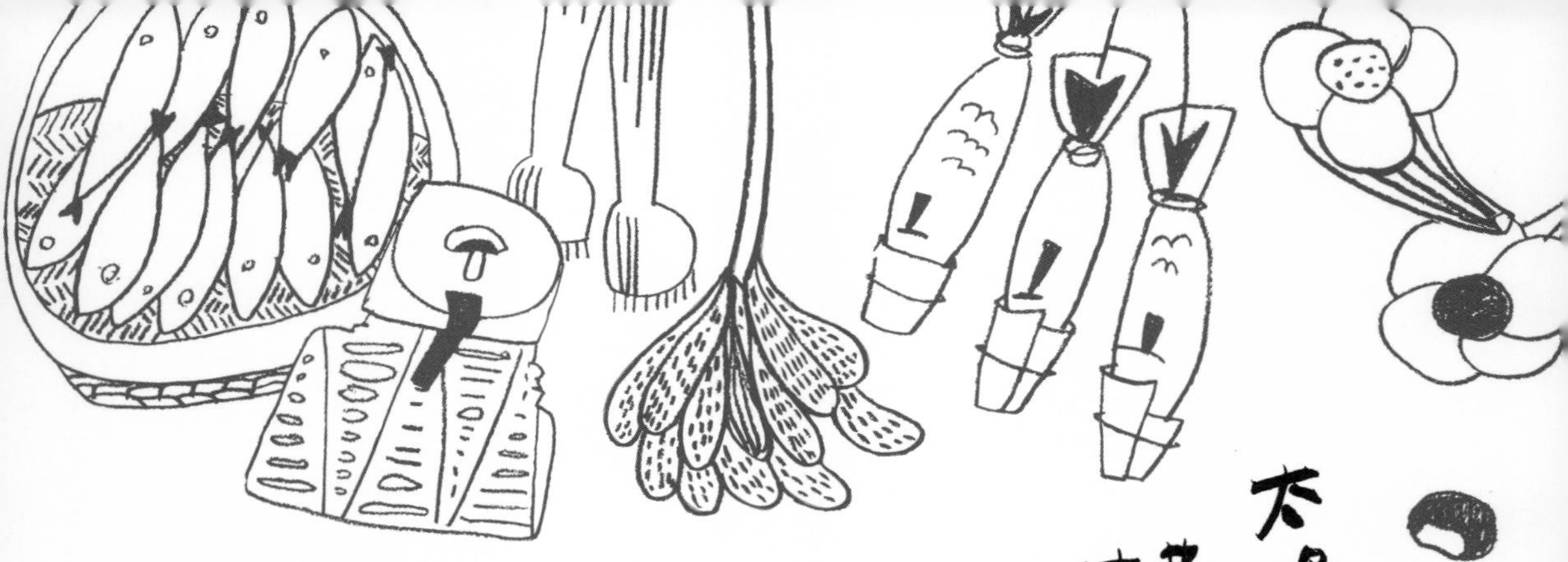

太陽與風 拂拂曬曬

［太陽と風の恵み］

醤に使う
台湾食材

干し海老

Dried Shrimp

海の味の記憶

広大な海には
巨大な鯨もいれば小さな海老もいます。
小さいからといって非力ではなく
群れとなって力を発揮することも。
干し海老とは干した小海老の総称ですが
台湾には様々な種類の干し海老があります。
山間に住む人達にとって
干し海老は海の味の記憶です。
お粥に欠かせない干し海老。
キャベツや白菜の炒めものにも干し海老。
そして中華おこわにも干し海老。
小さな干し海老が
料理の風味を大きく左右するのです。

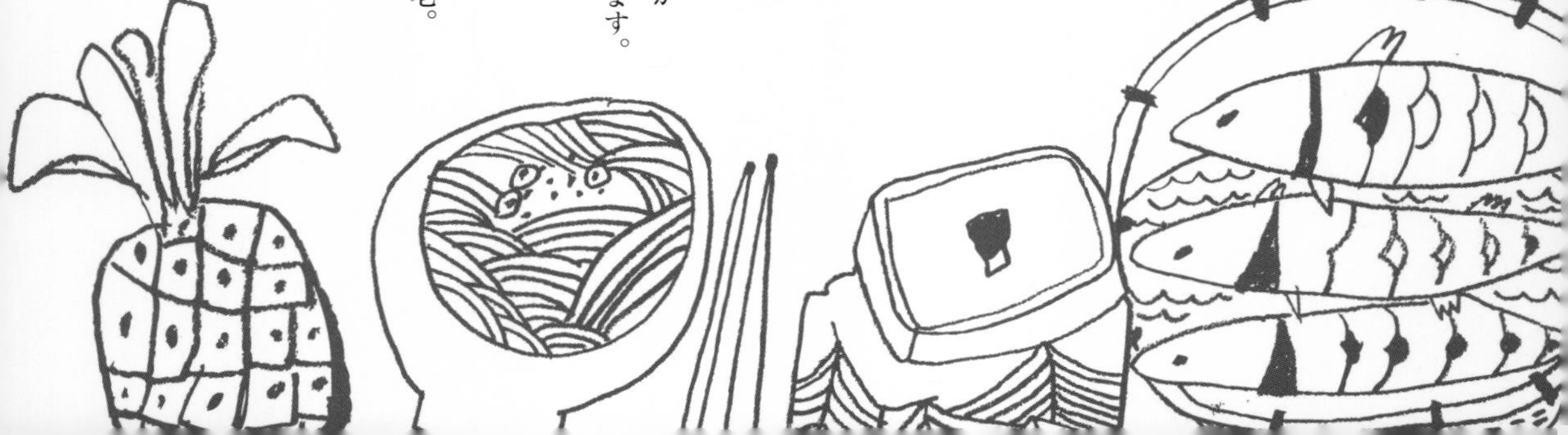

春泥《しゅんでい》のような香りのペースト

タロイモと干し海老の醤

お粥やビーフン料理に添える春の香り

- 美味しい期間 -

未開封冷蔵 30 日

材料

- 干し海老……20g
- 葱……7g
- 生姜……10g
- にんにく……7g
- タロイモ……200g
- 水……200cc
- 苦茶油（又はオリーブ油）……小さじ2
- 米酒……大さじ2と½
- 塩……小さじ1
- 白胡椒……小さじ½

作り方

1 干し海老、葱、生姜、にんにくはみじん切りに。タロイモは皮を剥き150gを輪切りにして水で茹で、茹で汁と合わせてペースト状にする。残りの50gは角切りにしておく。

2 鍋を熱して油を入れ、弱火で干し海老、葱、生姜、にんにくのみじん切りとタロイモの角切りを香りよく炒める。最後に米酒を加え、汁気がなくなるまで炒める。

3 1のタロイモペーストを加え、塩、白胡椒を加えてよく混ぜる。

1 干し海老

皮はピンクで身は黄色。海風で乾燥させた干し海老は、潮の香りをたっぷりと含みます。料理に添えれば海を身近に感じられそう。

2 タロイモ

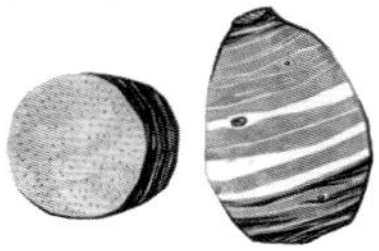

台湾でもっとも多く栽培されているのは檳榔心芋《ビンランシンユー》と呼ばれる種で、皮は茶色で身は紫色。スープやお菓子作りに向いています。

3 葱

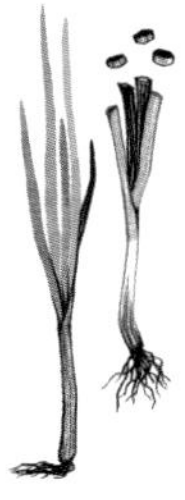

白い部分と青い部分のある葱は、にんにくとともに普段遣いされる調味料です。

4 にんにく

海外では綺麗にスライスして使うことが多いけれど、台湾では包丁の背で潰すのが一般的。料理によって切り方は様々。

5 生姜

香りのなかにピリリと辛味を持つ生姜。可愛らしい黄色で、塩や砂糖とも好相性。柔らかい新生姜も硬い生姜もそれぞれの役割が。

6 米酒《ミージョウ》

米から作られたシンプルな焼酎。強い香りと程よいアルコール分がどんな料理にも合います。

7 苦茶油

高温で揚げる調理よりも、低温で炒める調理に向くのが苦茶油です。

台湾醤と
季節の素材

風土食物

Taiwan
pure=sauce

タロイモと干し海老の醤 × 節句の食材

立春

ニラ / ニラチヂミ

15 min

材料

ニラ……150g
強力粉……300g
鶏ガラスープ……400cc
卵……2個
タロイモと干し海老の醤……80g
塩……小さじ½
苦茶油（又はオリーブ油）……大さじ2と½

作り方

1 ニラは洗って2センチほどに切る。強力粉はふるいにかける。

2 強力粉、鶏ガラスープ、卵、タロイモと干し海老の醤、塩をよく混ぜ、ニラを入れる。

3 フライパンに油を入れて弱火で熱し、生地をフライパンで焼く。両面がこんがり焼けたら出来上がり。

小暑

ヘチマ / ヘチマの醤焼き

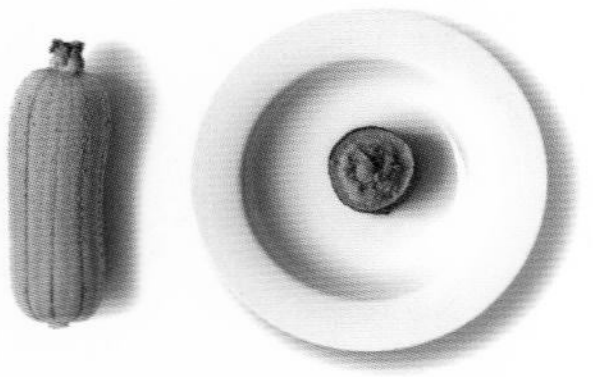

20 min

材料

ヘチマ……80g
タロイモと干し海老の醤……小さじ2
苦茶油（又はオリーブ油）……大さじ1と⅓
塩……小さじ1

作り方

1 ヘチマは皮を剥いて6~8センチの幅で輪切りにし、真ん中を2センチほど削って凹みを作る。

2 1のヘチマにタロイモと干し海老の醤を入れ、油と塩を振りかける。

3 クッキングシートで2をふんわりと包み、190℃のオーブンで10分ほど焼く。

立秋

蘋婆《ピンポン》 / 蘋婆の煮込みスープ

材料

蘋婆（アオイ科の植物の種子）……500g
だし汁（豚骨スープや鶏ガラスープなど）…700cc
タロイモと干し海老の醤……120g
塩……小さじ1
白胡椒……小さじ½

作り方

1 鍋にお湯を沸かし、蘋婆を40分ほど煮たら、果肉250gを取り出す。果肉は熱いだし汁と一緒にフードプロセッサーにかけ、ペースト状にする。

2 タロイモと干し海老の醤、塩、白胡椒を加えて味付けした後、鍋に戻し、再度沸騰するまで加熱する。

90min

小雪

白菜 / 白菜の醤焼き

材料

白菜……¼個
にんにく……2片
苦茶油（又はオリーブ油）……大さじ1
タロイモと干し海老の醤……150g
だし汁（豚骨スープや鶏ガラスープなど）…300cc
塩……小さじ1

作り方

1 白菜は細長く切り、にんにくは薄切りにする。

2 鍋を熱して油を入れ、弱火でにんにくを炒めた後、白菜、タロイモと干し海老の醤を入れて炒め、だし汁を入れる。塩で味を調節し、3~5分煮て白菜が柔らかくなり、少し煮詰まれば完成。

20min

台湾醤と
異文化

煮込みスープ

アメリカ

America

シーフード、ベーコン、野菜など
ありあわせの材料を集めたら
牛乳とバターでよく煮込んで
濃厚スープの出来上がり。
お皿に残ったスープはさらにパンを付けて最後まで。
チャウダーは着飾らないまかないスープです。
ここでは白海老とアサリに醤を加えて
チャウダー風に。

材料

タロイモと干し海老の醤……大さじ3
水……600cc
白海老……8匹
アサリ……200g
ピザ用チーズ……½カップ
苦茶油（又はオリーブ油）……小さじ1
パセリのみじん切り……大さじ1

作り方

1 タロイモと干し海老の醤と水を鍋に入れて火にかけ、煮立ったら白海老、アサリを入れる。火が通ったらチーズを加えて溶かす。

2 食べる前に苦茶油をまわしかけ、パセリを散らす。

台湾醤と 相思相愛

飛び魚の醤焼き

100% SAUCE

材料

さつま芋……３００g
タロイモと干し海老の醤……大さじ１
水……３００cc
飛び魚の日干し……１尾
黒酢……大さじ１

作り方

１ さつま芋は乱切りにする。
２ タロイモと干し海老の醤に１００cc（分量外）の水を混ぜておく。
３ 鍋に３００ccの水を入れて沸騰したら飛び魚の日干しとさつま芋を入れ、さらに沸騰してから弱火で10分程煮る。水で溶かしておいたタロイモと干し海老の醤と黒酢を入れ、味が染み込むまで煮る。

飛び魚の日干し

毎年春風の吹く頃になると、太平洋側の海流に乗って波の間にキラキラと身を翻す飛び魚が現れ、シーズンの到来を告げます。捕獲したあとはその日のうちに処理して塩漬けにし長時間、じっくりと燻製にします。ご飯がすすむ香ばしさは豊漁への感謝の味わいでもあるのです。

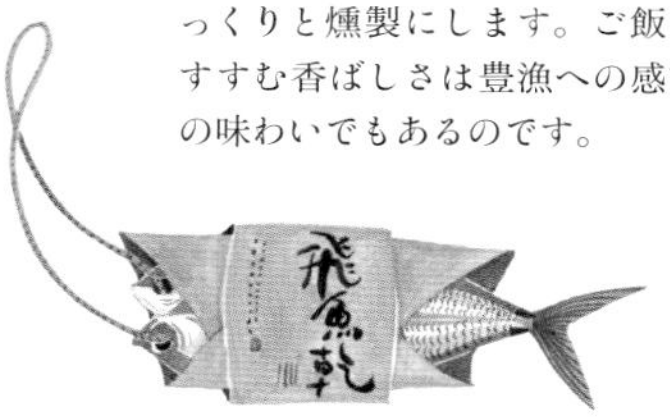

黒酢

炊いた米に麹を加えて発酵させた酢。じっくりと半年以上熟成させると黒々とした艶のある黒酢が出来上がります。香り高く、酸味が弱く、ほんのり甘い後味で、羹《あつもの》や麺によく合います。

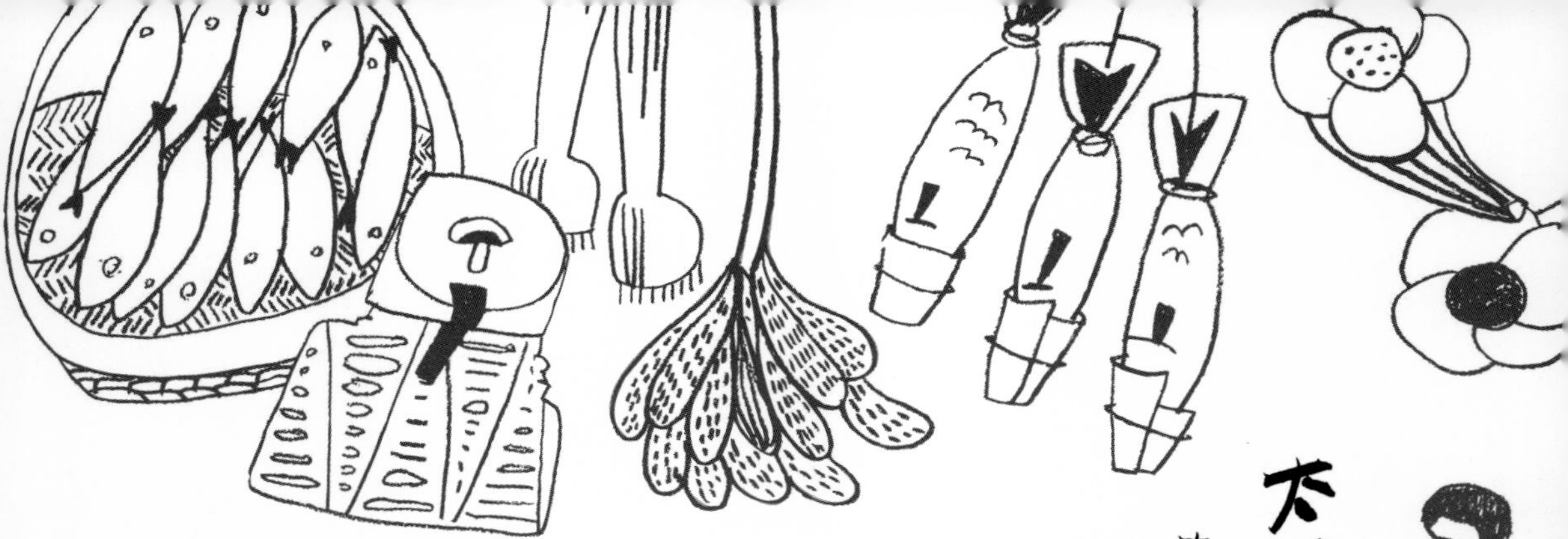

太陽與風
拂拂曬曬

［太陽と風の恵み］

醤に使う
台湾食材

塩漬け魚
（塩鯖）

Brined Fish

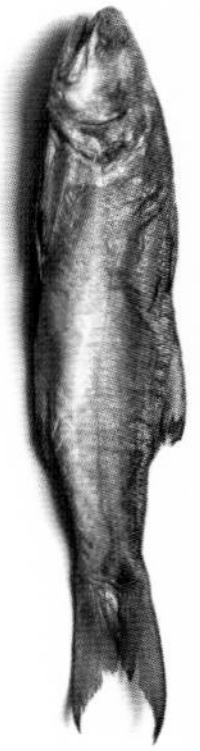

鮮魚に負けず劣らず

海は私たちに塩をもたらし
そして魚をもたらしました。
塩をひとふりするだけで
魚の旨味が引き出され
塩にしっかり漬けることで
魚は時間に抗います。
塩漬け魚は、鮮度を失う代わりに
旨味をぎゅっとその身に閉じ込めます。
実は日本でお馴染みの鯖も
台湾では「青魚」「花飛」と呼ばれ
塩漬け魚として親しまれています。
フライパンで焼くだけでお粥にピッタリ。

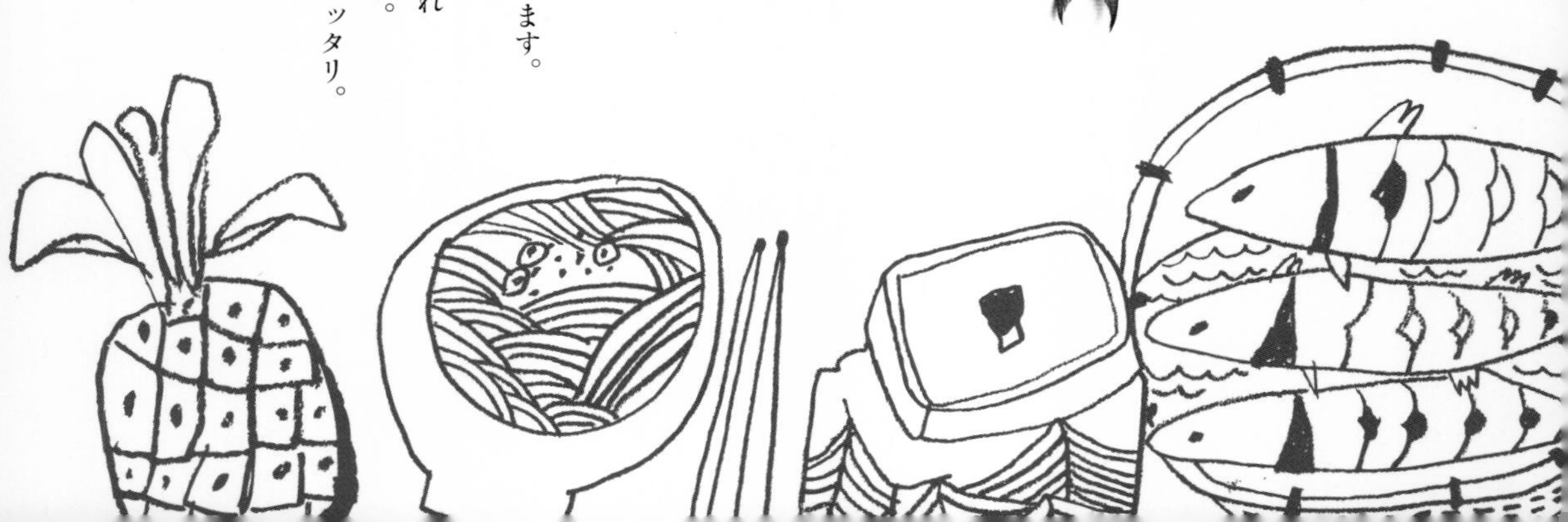

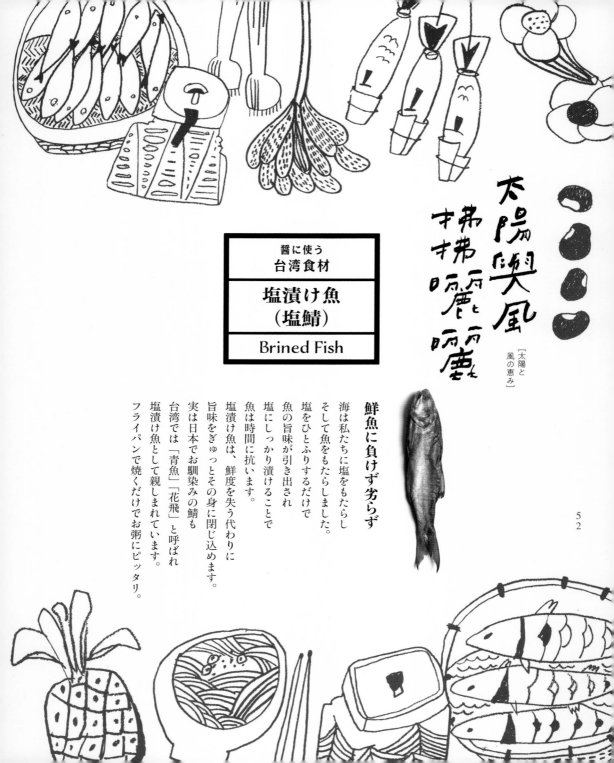

台湾醤と

相思相愛

ビーフンの醤和え

100% SAUCE

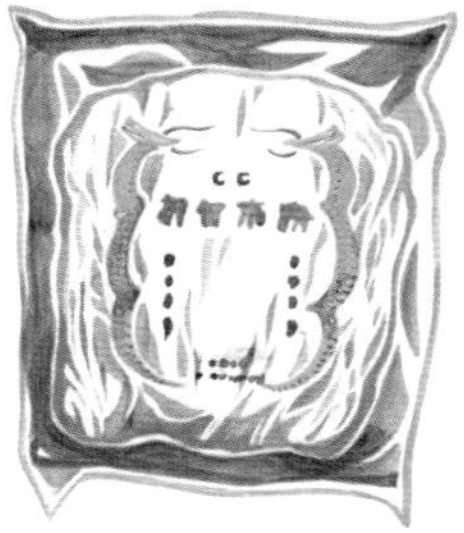

台湾ビーフン

三割日干し、七割風通し。台湾ビーフンには風が作り出す柔らかな弾力があります。風の都と呼ばれる新竹がビーフンの名産地である所以です。

材料

苦茶油（又はオリーブ油）……大さじ2と½
豆干絲《ドウガンスー》（細切り乾燥豆腐）……80g
椎茸（細切り）……50g
フライドエシャロット……25g
塩漬け魚と鶏肉の醤……25g
醤油……大さじ1
だし汁（豚骨スープや鶏ガラスープ）……大さじ4と½
台湾ビーフン……260g
錦糸卵……40g

作り方

1 フライパンで油を熱し、豆干絲、椎茸の細切り、フライドエシャロットを色が付くまで炒め、香りが出たら塩漬け魚と鶏肉の醤、醤油、だし汁を入れる。

2 台湾ビーフンを加えて汁気がなくなるまで炒める。

3 食べるときに錦糸卵を散らす。

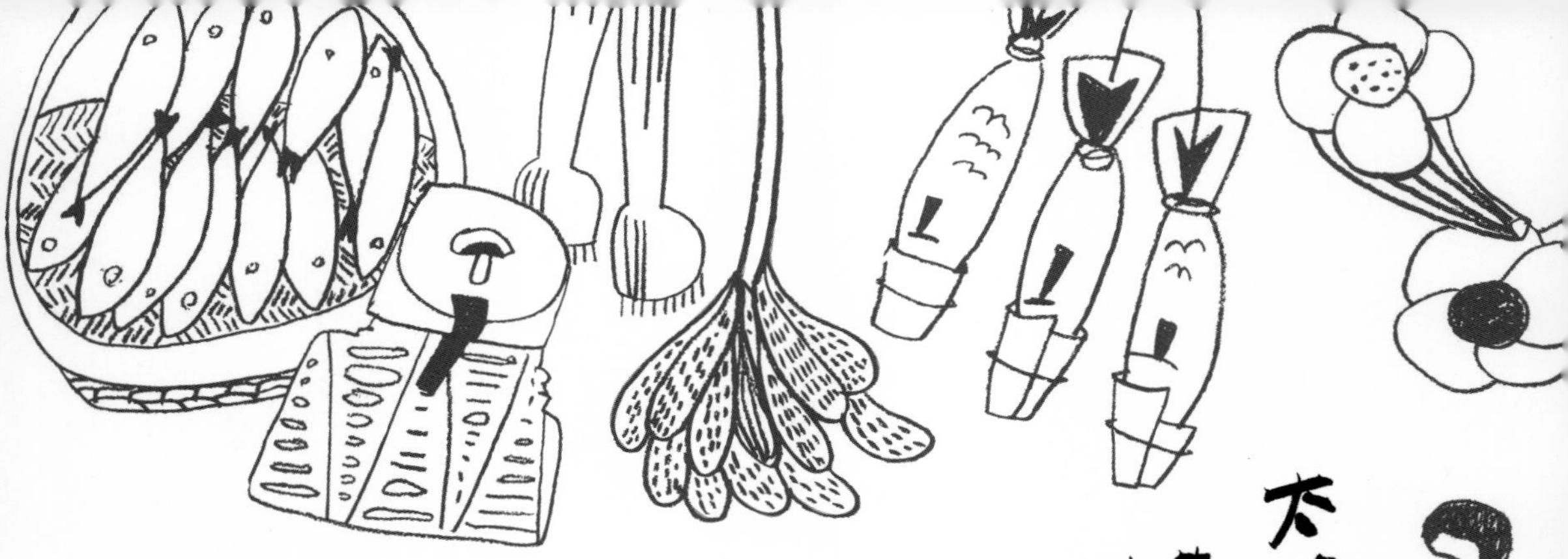

太陽與風
拂拂曬曬

［太陽と風の恵み］

醤に使う
台湾食材

干し野菜

Dried Vegetable

おふくろの味

いかに食品の鮮度を保つかが食品加工の鍵。
野菜や果物の多くは冷凍でき、
解凍しても少し味が落ちるだけ。
低温で脱水させた乾燥野菜は
水に浸ければ元の姿を取り戻しますが、
鮮度を取り戻すことはできません。
でもそこには、鮮度に代わる
深みが生まれます。
どの家の軒先でも作られる干し野菜。
キャベツ、筍、いんげん豆、カリフラワー。
干すことで生まれる味わいを人は
「おふくろの味」と呼ぶのかもしれません。

手作り醤

宴席の常備菜

干し筍と海老の醤

白菜炒め、角煮飯に
欠かせない隠し味

- 美味しい期間 -

未開封冷蔵 30 日

塩

材料

干し筍……………200g
干し海老…………40g
生姜………………20g
にんにく…………20g
苦茶油（又はオリーブ油）……大さじ1
豚バラ肉…………100g
白胡椒……………小さじ1

作り方

1 干し筍、干し海老、生姜、にんにくはみじん切りにする。

2 フライパンに油を入れて豚バラ肉を香りよく炒めたら取り出して、冷めたら細かく切る。

3 同じフライパンに残った油を熱して生姜とにんにくのみじん切りを炒める。香りが出たら干し筍、干し海老を炒めて、2を入れ、最後に白胡椒で味を調える。

1 干し筍

筍が豊作のとき桶で漬け、日干しにして作る干し筍。宴会などでよく見かけます。肉料理の下に敷くことも。

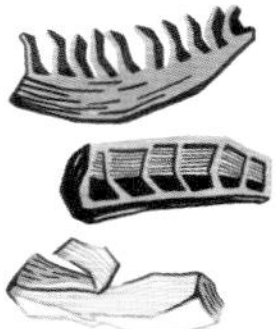

2 干し海老

台湾では干し海老といえば紅エビかヨコエビ。ヨコエビは体が鉤《カギ》のように丸く、歯ごたえと香りは一流です。

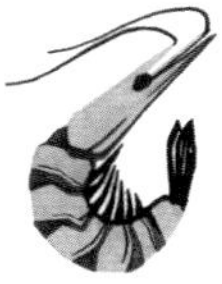

3 豚バラ肉

脂身と赤身が層になっていることから、台湾では「三層肉」とも。醤では脂身を少し多めに入れると食感が滑らかに。

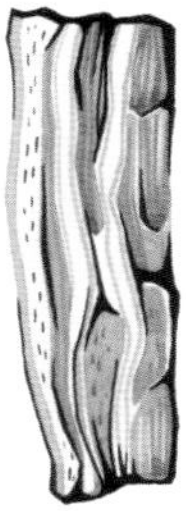

白胡椒 4

醤に白胡椒を加えると、料理を口に入れる際に風味が先に香り、際立ちます。

生姜 5

海鮮の生臭さを消してくれる陸の香味。海鮮料理に取り入れるとバランスがよくなります。

にんにく 6

台湾きってのにんにく産地は嘉南《かなん》平原。台湾産と海外産の見分けがつきますか？

台湾醤と
季節の素材

風土食物

Taiwan
pure=sauce

干し筍と海老の醤 × 節句の食材

立春

ニラ / ニラビーフン

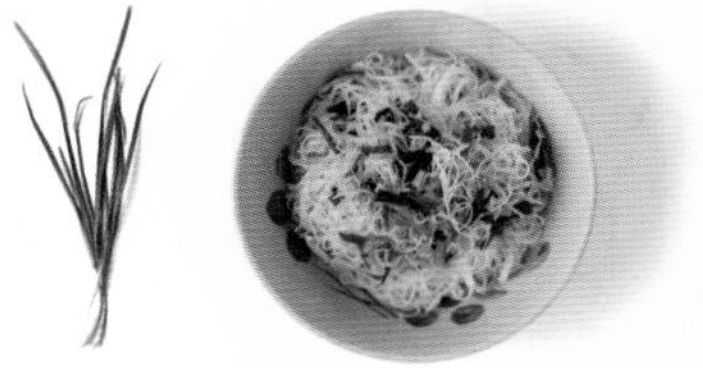

20min

材料

- ニラ……1束
- ビーフン……200g
- 苦茶油（又はオリーブ油）……大さじ1
- 干し筍と海老の醤……大さじ2
- 塩……適宜

作り方

1 ニラはざく切りにし、ビーフンは熱湯にくぐらせる。

2 フライパンに油を熱し干し筍と海老の醤を香りよく炒めたら、ビーフンとニラを入れ、汁気がなくなるまで炒める。最後に塩で味を調える。

大暑

白苦瓜《ゴーヤ》 / 白苦瓜の肉詰めスープ

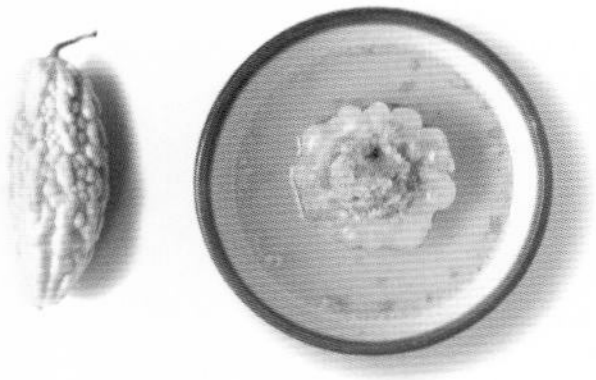

10min

材料

- セロリ……適量
- 白苦瓜……1本
- 豚ひき肉……200g
- 干し筍と海老の醤……大さじ2
- 塩……適量
- 水……2000cc

作り方

1 セロリをみじん切りにする。

2 白苦瓜はヘタを取りスプーンで種とワタを取り出して輪切りにする。

3 豚ひき肉と干し筍と海老の醤を混ぜ、塩を加えて団子にしたら、苦瓜の穴に詰める。

4 鍋で水を温め、苦瓜の肉詰めを入れ、火が通ったらセロリを散らす。

白露

タロイモ / タロイモの千切り炒め

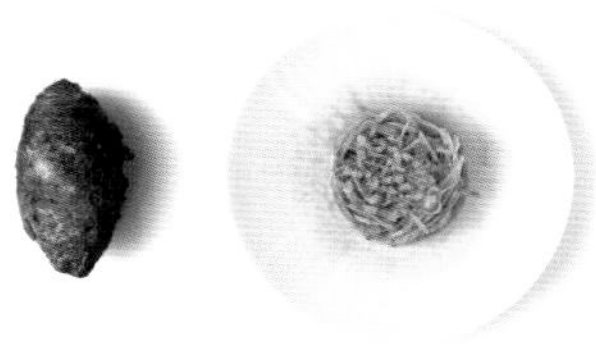

材料

タロイモ……250g
干し筍と海老の醤……大さじ1
塩……適量
セロリ……適量
苦茶油（又はオリーブ油）……大さじ1

作り方

1 タロイモは千切りにし、干し筍と海老の醤、塩を混ぜておく。セロリはみじん切りに。
2 フライパンに油を入れ、色が付くまでタロイモの千切りを炒める。
3 盛り付けたらセロリを飾る。

15min

大雪

青梗菜《チンゲンサイ》 / 干し筍の豚足煮込み

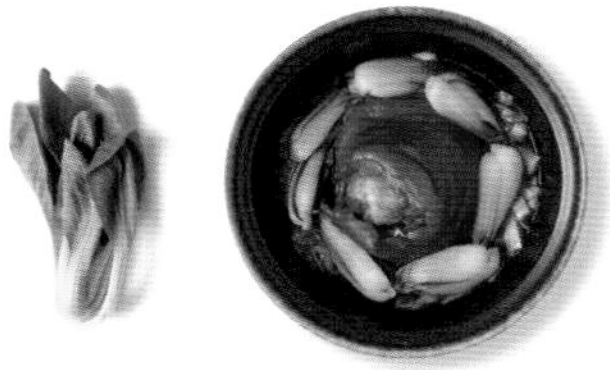

材料

青梗菜……6株
豚足（前脚）……1塊
苦茶油（又はオリーブ油）……適量
生姜（薄切り）……6枚
干し筍と海老の醤……大さじ3
醤油……大さじ2
醤油膏……大さじ1
米酒……大さじ3
水……適量

10min

作り方

1 青梗菜は洗ったら株を縦に割く。豚足は熱湯にくぐらせる。
2 フライパンに油を熱して生姜を炒め、香りを出す。豚足を入れて色が付くまで焼き、干し筍と海老の醤、醤油、醤油膏、米酒を入れ、豚足がかぶるくらい水を入れる。
3 強火にして、煮立ったら弱火にし、豚足が柔らかくなるまで裏返しながら1時間半ほど煮る。食べる前に青梗菜を加えてひと煮立ちさせる。

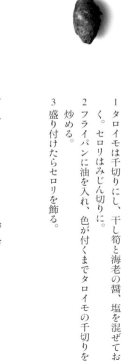

台湾醤と
異文化

インド

ディップ

India

香辛料を使いこなす天才のインド人。
その食生活は北と南で大きく異なります。
南部は米どころで米食を好み、
北部は小麦が採れるため粉物を好みます。

ナンと野菜ディップ

材料

- トマト……3個
- カリフラワー……100g
- 玉葱……1個
- 苦茶油（又はオリーブ油）……400cc
- ナン……8枚
- **スパイス（パウダー）**
  - フェンネル（茴香《ウイキョウ》粉）
  - クミン
  - クローブ
  - マスタード
  - 唐辛子……各小さじ¼
- 水……200cc
- 干し筍と海老の醤……大さじ1と½
- 塩……適量

作り方

1 トマトは角切りにし、カリフラワーは小分けにする。玉葱はみじん切りに。

2 フライパンで苦茶油を熱し、ナンをパリッと香ばしく揚げる。

3 2のフライパンに大さじ1と½程度の苦茶油を残し、玉葱のみじん切りを炒める。ここにトマトを混ぜ、パウダー類をすべて投入。

4 3に水を入れカリフラワーと干し筍と海老の醤を入れて15分ほど煮たら塩で味を調え、ディップの完成。

5 食べるときはナンをディップに付けて食べる。

台湾醤と相思相愛

干し筍と豚肉バーガー

100% SAUCE

材料

豚足（前脚）……600g
生姜（薄切り）……6枚
醤油……大さじ2
水……適量
干し筍と海老の醤……大さじ1
割包《グアバオ》の皮……4個
ピーナッツパウダー……適量
パクチー……適量

作り方

1 豚足は厚切りにしてフライパンで焼き色を付け、生姜を入れ、最後に醤油を加える。

2 1に豚足がひたひたになるくらいの水を入れて干し筍と海老の醤を加え、煮立ったら蓋をして弱火で1時間半ほど煮る。

3 食べるときは割包の皮に肉を挟み、ピーナッツパウダーとパクチーを散らす。

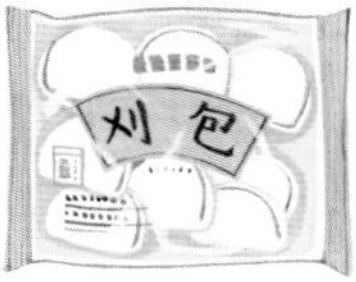

割包《グアバオ》

楕円形に伸ばした生地に油を塗り、ふたつに折りたたんでお財布のような形に蒸し上げた割包の皮。台湾バーガーと呼ばれることもある、屋台グルメの人気メニューです。ピーナッツパウダーとパクチーがアクセントに。

ピーナッツパウダー

炒めたピーナッツを砕いてパウダーにしたもの。沙茶《サーチャー》ソースと混ぜたり、お餅にふりかけたり、春巻に入れたり。きな粉にも似た風味で、塩気と甘味のバランスが絶妙です。

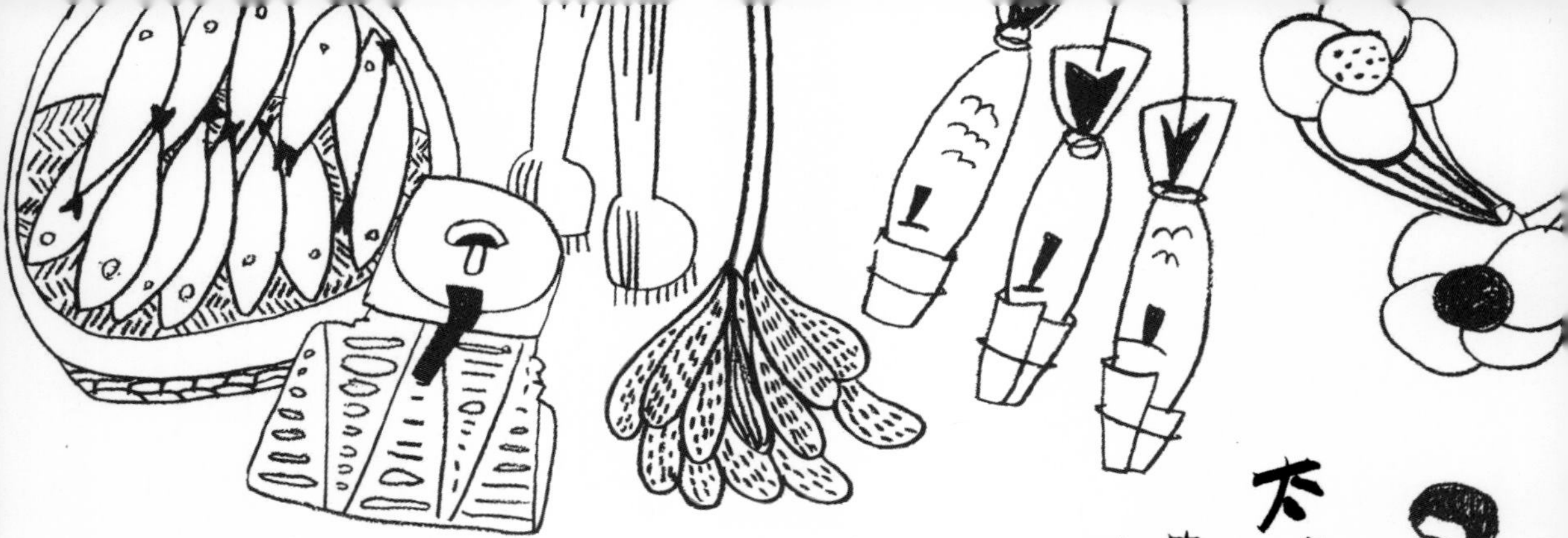

太陽與風 拂拂曬曬

［太陽と風の恵み］

醤に使う
台湾食材

塩漬け豚肉

Salted Pork

油分、塩気、香りのフュージョン

塩漬け肉は保存がきき
ご飯が何杯でもいけます。
台湾先住民には集落独自の塩漬け方法があり
客家人《はっかじん》には客家の伝統塩漬け肉があります。
作り方は案外簡単で、バラ肉を
にんにく、塩、胡椒、砂糖、五香粉《ごこうふん》などの
調味料と高粱酒《コウリャンシュ》や米酒《ビーチュウ》と一緒に漬け込んで
冷蔵庫で2〜3日寝かせるだけ。
あとは蒸したり、焼いたり、
野菜と合わせたり。
ご馳走に欠かせない油分、塩気、香りを
すべて兼ね備えた優秀な食材です。

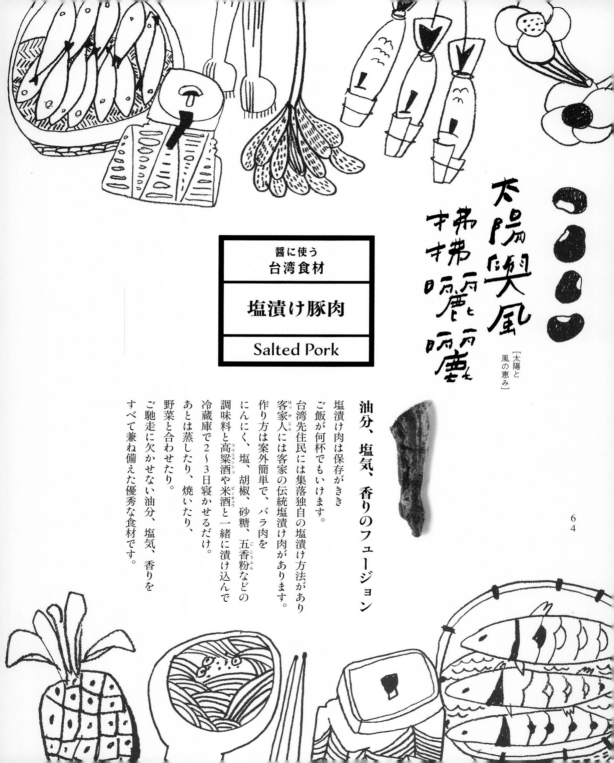

台湾醤と 相思相愛

土鍋飯

100% SAUCE

材料

玄米……2カップ
塩漬け肉とセロリの醤……大さじ4
醤油……大さじ1と½

作り方

1 玄米を洗い、1時間水に浸けておく。
2 1に塩漬け肉とセロリの醤を加えて電鍋※の内鍋に入れ、500ccの水を入れる。外鍋に200ccの水を入れて蒸す。
※炊飯器でも代用可
3 食べるときに醤油を振りかける。青梗菜を添えても。

醤油

小さな麹《こうじ》菌が、寒い冬や暑い夏にじっと耐えて麹を作ります。麹が出来たら塩水を張った樽に麹を入れ、塩で防腐し、封をし、日光を避けて寝かされます。やがて諸味《もろみ》となり、搾られたのが黒豆醤油。塩気と甘味の革命です。

玄米

食品の製造工程において多くの繊維が取り除かれますが、硬い皮こそ身体にいいのです。一粒の米ができるまでには、百粒の汗があるといわれています。農家の恵みをよく噛んでいただきましょう。

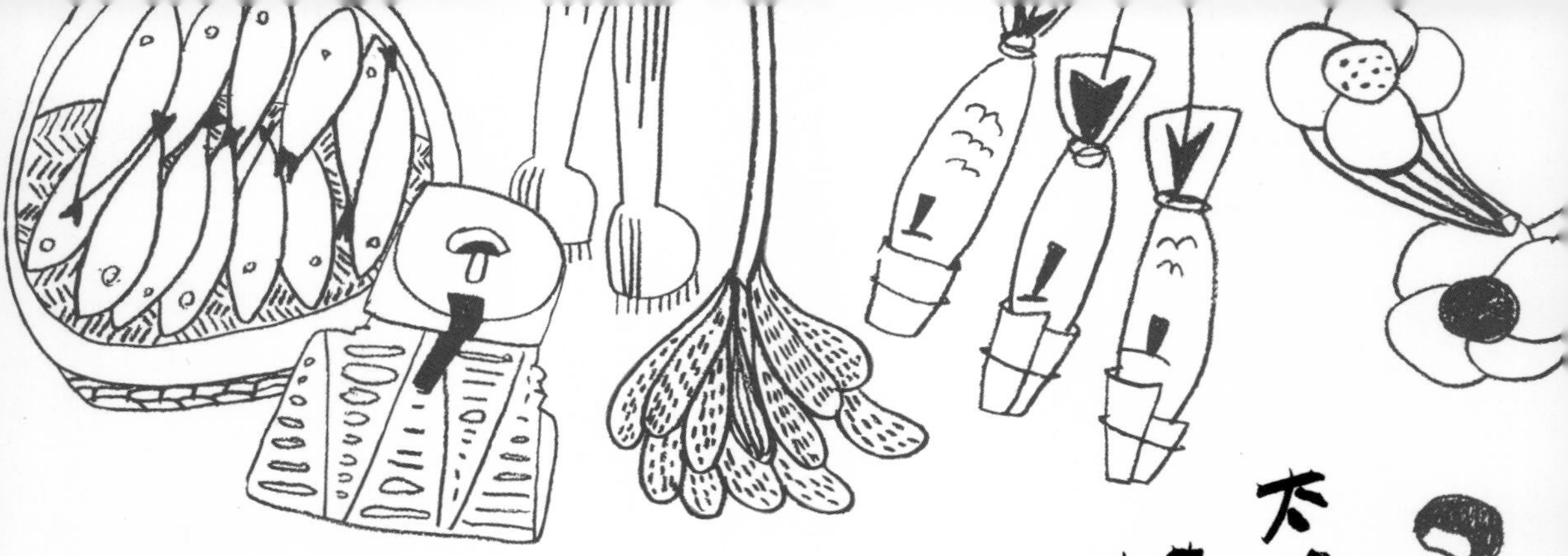

太陽與風 拂拂曬曬

［太陽と風の恵み］

醤に使う
台湾食材

干し椎茸

Dried Shiitake Mushrooms

料理の中の東洋風味

キノコ類には様々な名前があり
英語のようにMushroomだけではなく
味や形によって呼び方は様々です。
松茸、エリンギ、えのき茸…。
そんな中でも独特の風味を持つのが椎茸。
椎茸の香りは、乾燥させると
さらに顕著になり
そぼろ肉やまんじゅうの具、
スープなどで活躍します。
中華圏では椎茸の醸す東洋の風味が好まれ
贈り物としても喜ばれます。
生の椎茸の何十倍もの旨味が詰まった
干し椎茸をいただきましょう。

台湾醤と

相思相愛

スルメにんにくスープ

100% SAUCE

材料

大根……1本
筍……2本
スルメ……½枚
葉にんにく……1本
骨付き豚肉……200g
苦茶油（又はオリーブ油）……大さじ1と½
からすみと葉にんにくの醤……大さじ4
サザエの缶詰……1缶
塩……適量

作り方

1 大根は乱切りに、筍は薄切りに、スルメは細切りに、葉にんにくは白い部分と青い部分をそれぞれななめ切りに。骨付き豚肉は熱湯にくぐらせてよく洗う。

2 鍋に油を入れてスルメを炒めたら、葉にんにくの白い部分を入れて炒める。さらにからすみと葉にんにくの醤、大根、筍、骨付き肉、サザエの缶詰の順に入れて炒め、分量外の水をかぶる程度入れて沸騰したら弱火にして25分ほど煮る。

3 最後に塩で味を調え、葉にんにくの青い部分を加える。

サザエの缶詰

戦後の台湾は、移民の波が押し寄せ、変化を迎えた時期でした。国営のレストランが作られ、人々の飲食も大きく変わりました。様々な民族の食文化が融合した時代でもあります。海を渡ってやって来た缶詰は、この頃の活気を象徴するアイテムです。

スルメ

奇跡の乾物といってもいいくらい、旨味と甘みが凝縮されたスルメ。風と太陽と海を味方に付けて、美味しさを閉じ込めたスグレモノ。軽くあぶるだけで濃厚な香りが漂います。

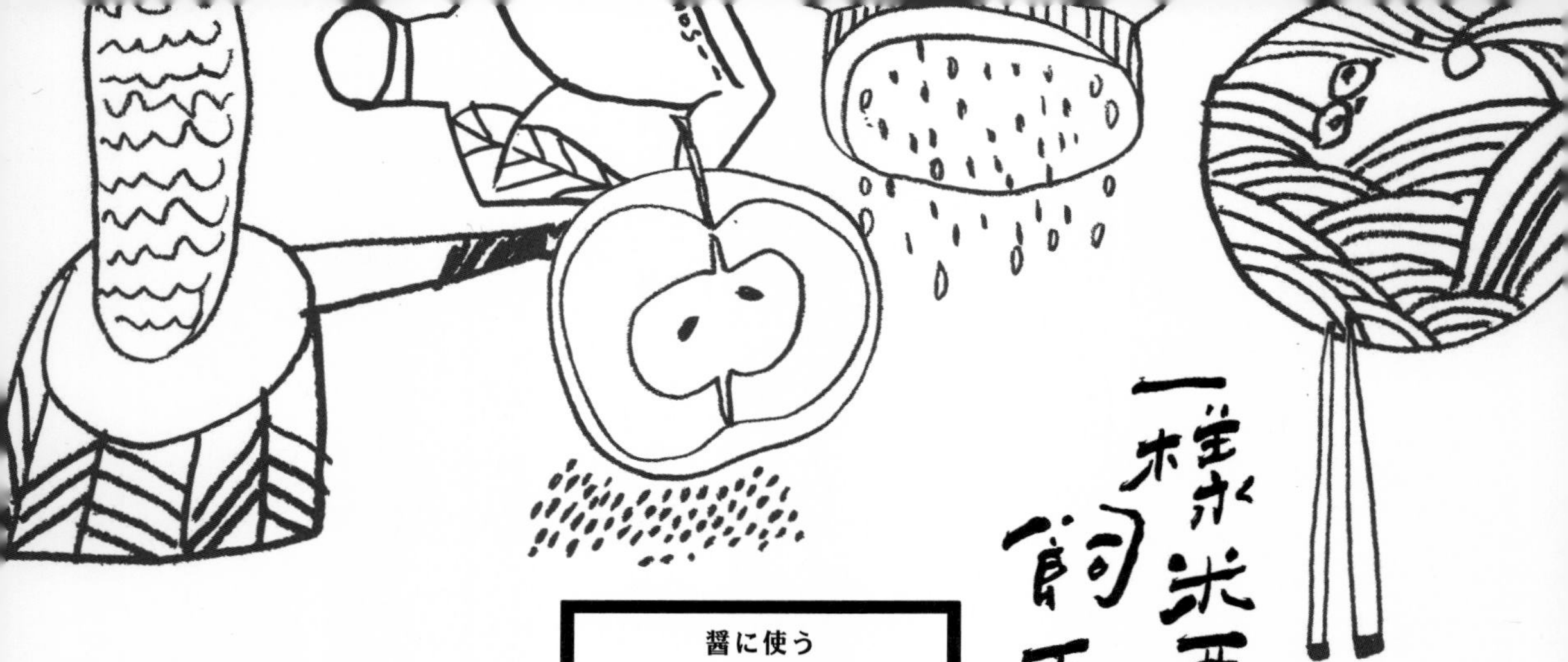

一樣米要飼百樣人

［米は米でも千差万別］

醤に使う
台湾食材

米酒《ミージョウ》

Rice Wine

米を食す時間

穀物や果物を利用したお酒は
早くから存在しました。
わずかなアルコールで、人は愉しくなれます。
活力を得るにもお酒は有効です。
お供えにもお酒は必要です。
人と人との繋がりにもお酒が一役買います。
お酒がなければ、私たちの文化には
ぽっかり穴が空いていたことでしょう。
米は私たちの主食であり
米酒は台湾でもっともよく使われるお酒。
飲むだけでなく、料理でも活躍します。
炒めものに数滴垂らしたり
鍋いっぱいのお酒で肉を煮たり
その使い方には哲学があるのです。

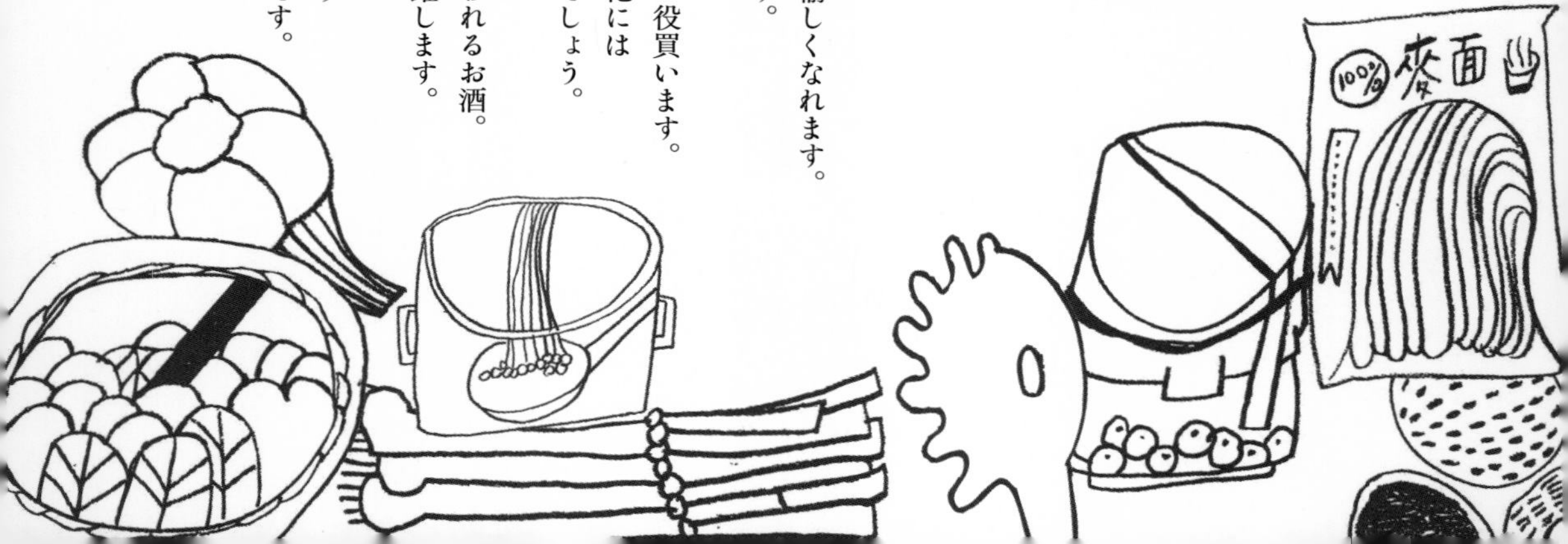

台湾醤と相思相愛

甘酒米苔目《ミータイムー》

100% SAUCE

材料

水……600cc
砂糖……80g
氷……2カップ
米苔目……300g
菊花と甘酒の醤…大さじ1と½

作り方

1 水と砂糖を煮て砂糖水を作り、冷ましておく。

2 器に氷を入れ、上に米苔目をのせたら砂糖水をふりかけ、最後に菊花と甘酒の醤を入れる。

米苔目《ミータイムー》

蒸した米粉を、ところてんのように棒で押し出し麺状にしたのが米苔目。農繁期の手軽な食事として食べられていました。甘くしても、塩味でも、冷たくしても、暖かくしても。

一樣米飼百樣人

「米は米でも千差万別」

醤に使う
台湾食材

塩漬け卵

Salted Egg

人生いろいろ

卵が先か、鶏が先か？
そんな謎解きを思いつくくらい
人は卵のことを考えてやみません。
水は3通りにしか変化しませんが
卵は百通りにも変化します。
炒めたり、煮たり、揚げたり、
焼いたり、蒸したり…。
人、土地、文化が違えば
卵は様々に姿を変えます。
台湾人も、温度、時間、食感を研究し
ピータン、塩卵、茶葉卵、滷味《ルーウェイ》など
卵の様々な楽しみ方を編み出しました。
誰もが真剣に、
卵と向き合っています。

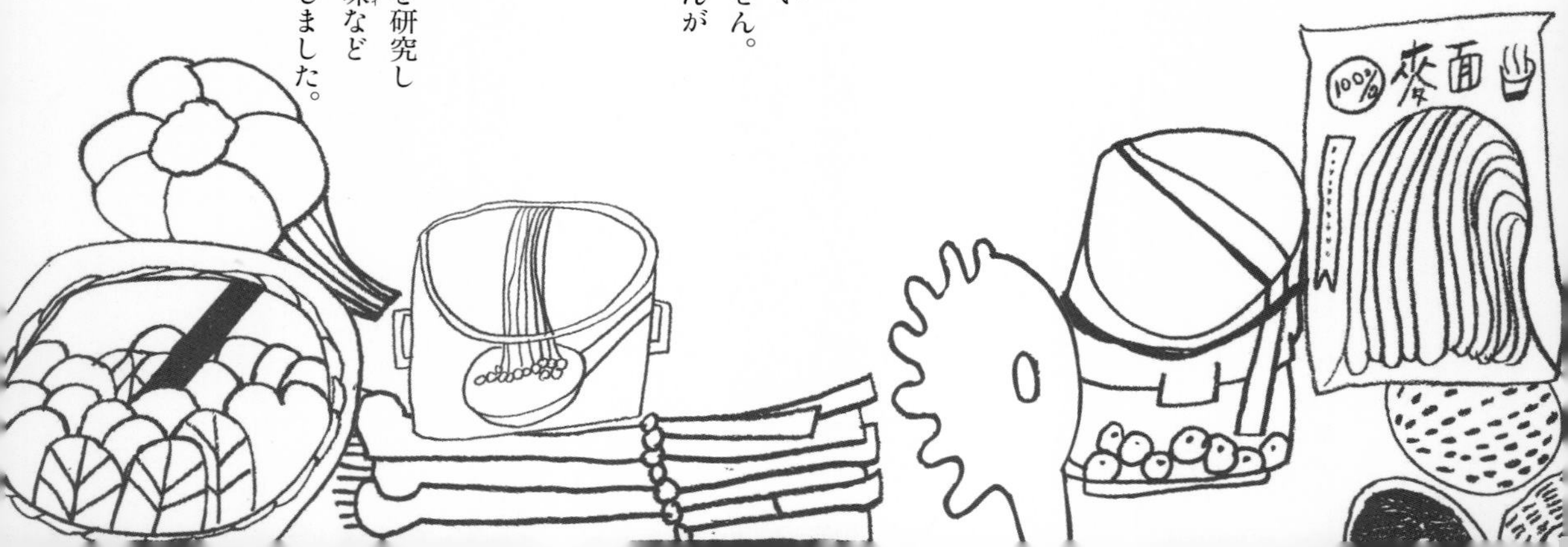

台湾醤と 相思相愛

莧菜《ヒョウナ》の卵炒め

100% SAUCE

材料

莧菜《ヒョウナ》※……1束
ピータン……2個
塩漬け卵と冬菜の醤……大さじ2
白胡麻油……大さじ1と½

※和名はヒユ。中国圏で多く食べられる。

作り方

1 莧菜を洗い、ぶつ切りにする。
2 ピータンは皮を剥きみじん切りに。塩漬け卵と冬菜の醤と混ぜておく。
3 フライパンに油を熱し、莧菜を炒めたら、2を入れて混ぜる。

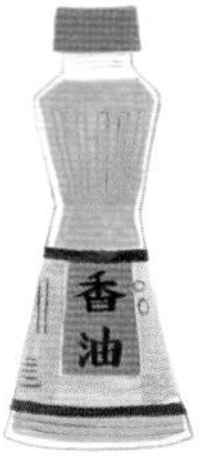

白胡麻油

台湾産の胡麻には白胡麻と黒胡麻の2種類があります。黒胡麻は身体を温める効果があり、白胡麻は香り付けに使われます。

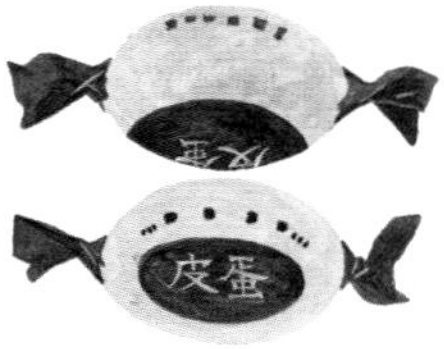

ピータン

鴨の卵を木炭や米糠と一緒に漬け込み、時間を経て黒い艶を出すピータン。外国人には不思議な食べ物として映るようですが、中には一世紀かけて作るものも。

よく見ると、ゼリー状の白身部分にはうっすら模様があり、濃厚な黄身からは不思議な香りが漂います。お粥に入れたり、豆腐と和えたり。夜市では揚げピータンまであるのです。

一樣米飼百樣人

[米は米でも千差万別]

醤に使う
台湾食材

緑豆

Mung Bean

緑豆のデトックスパワー

緑豆から発芽したもやしはよく食べますが
台湾では緑豆はお菓子の餡や飲み物など
様々な用途に使われています。
弾力のある春雨も緑豆粉が使われているし
冬になればあちこちで
緑豆の汁粉が飲まれます。
緑豆と米を合わせた緑豆粥も人気。
嬉しいことに、優れた
解熱・解毒作用があるため
台湾では子供からお年寄りまで
緑豆を取り入れ
暑さを乗り切っているのです。

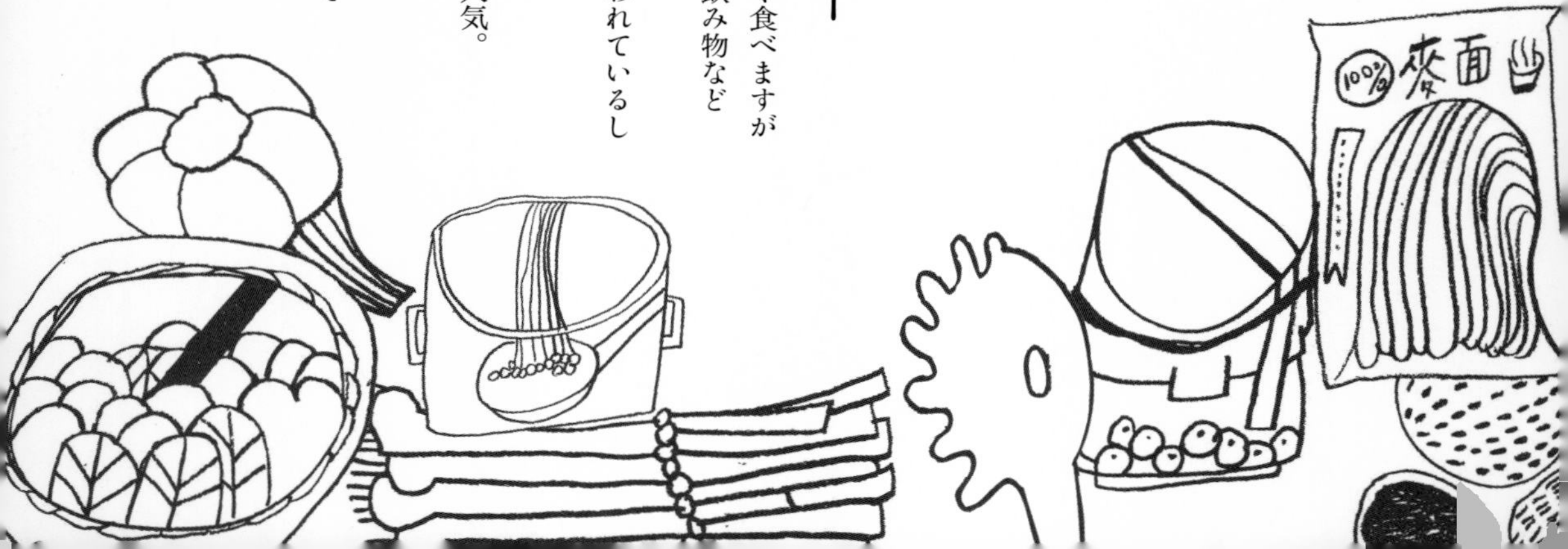

台湾醤と
相思相愛
葱《ツォン》油《ヨウ》餅《ビン》のミルフィーユ
100% SAUCE

材料

葱油餅の皮……4枚
苦茶油（又はオリーブ油）……適量
アーモンドと緑豆の醤……大さじ2
水……適量
粉砂糖……適量

作り方

1 葱油餅の皮を油で焼き、冷まして長細く切っておく。
2 アーモンドと緑豆の醤を水で薄める。
3 長細く切った葱油餅の皮に2を塗り、さらに皮を重ねる。5層になるまで繰り返す。
4 最後に粉砂糖を振りかける。

葱油餅

葱が入った葱油餅の皮を使うことで、甘さと塩気が程よくミックスされたミルフィーユの出来上がり。葱が主役です。

一樣米飼百樣人

[米は米でも千差万別]

醤に使う
台湾食材

ピーナッツ

Peanut

地元に根付いた豆

台湾には
ピーナッツ専門農家がたくさんあります。
酒のつまみになる乾煎りピーナッツはもちろん
油を絞って料理に使ったり
粉にして割包《グアバオ》や粽《チマキ》にまぶしたり
コトコト煮込んで豆花のトッピングにしたり
肉や野菜と一緒に炒めたり。
ピーナッツ好きの台湾人は
甘いものにも、しょっぱいおかずにも
ピーナッツをふんだんに使います。

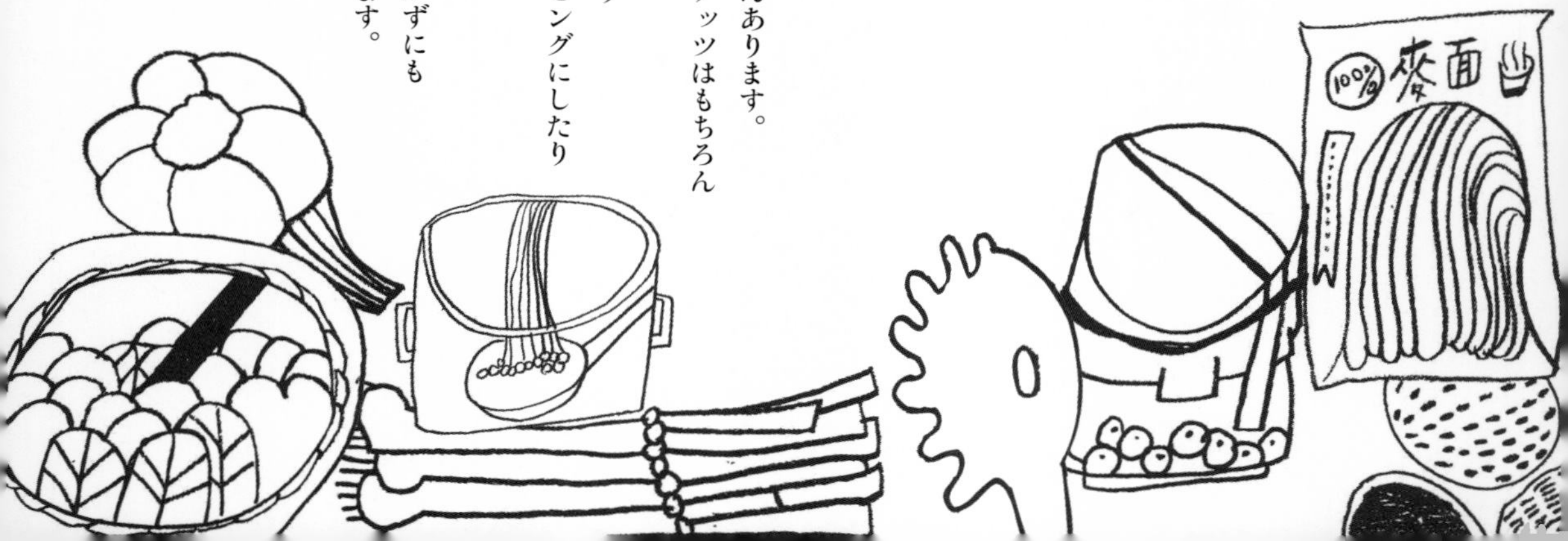

材料

にんにく……………40g
生姜……………20g
青葱……………20g
ピーナッツペースト……………大さじ6
白胡麻ペースト……………大さじ2
塩……………小さじ½

作り方

1 にんにく、生姜、青葱をみじん切りに。
2 1と残りの材料を混ぜる。

Taiwan pure=sauce

手作り醤

ピーナッツと香味野菜の素朴な組み合わせ

ピーナッツと胡麻の醤

麺を和えたり、焼き鳥に加えたり
ナッツの香りと旨みたっぷり

- 美味しい期間 -

未開封冷蔵 30日

塩

1 ピーナッツペースト

ピーナッツは、粉やペーストにするとまろやかに。粒を残して歯ごたえを楽しむか、口溶けを楽しむかはお好みで。

2 青葱、生姜、にんにく

葱、生姜、にんにくは、油で炒めて香りを出すのが基本ですが、生のまま味わうと違う風味が楽しめます。

白胡麻ペースト 3

採れたての白胡麻を研磨して、油たっぷりの濃厚な胡麻ペーストに。麻醬麺《マージャーメン》には欠かせません。

塩 4

甘いものでも、塩を入れるとちょっとしたアクセントに。

台湾醤と
季節の素材

風土食物

Taiwan
pure=sauce

ピーナッツと胡麻の醤 × 節句の食材

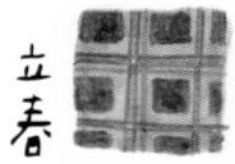

セロリ / セロリの和え物

材料

セロリ（細めのもの）……2本
ピーナッツと胡麻の醤……大さじ1と½
水……小さじ1
干し葡萄……適量

作り方

1 セロリを薄切りにしておく。
2 ピーナッツと胡麻の醤に水を加えて薄める。
3 セロリに2を回しかけ、干し葡萄を散らす。

3min

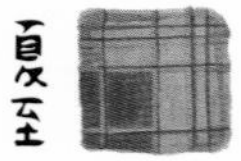

カボチャ / 焼きカボチャ

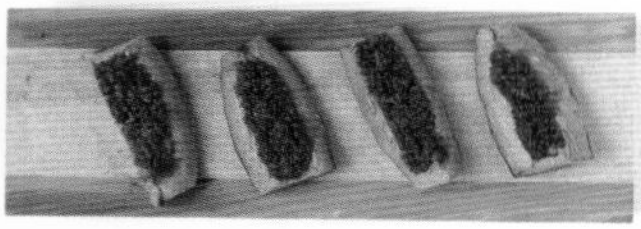

材料

ピーナッツと胡麻の醤……大さじ2
水……小さじ1
カボチャ……250g
苦茶油（又はオリーブ油）……大さじ1

作り方

1 ピーナッツと胡麻の醤に水を加えてタレを作る。カボチャは食べやすい大きさに切る。
2 カボチャに油を塗り、200℃に予熱したオーブンで15分間焼く。
3 取り出したカボチャに1のタレを塗り、更に1分間焼く。あれば葉にんにくを飾る。

20min

立秋

蓮根 / 蓮根スライス

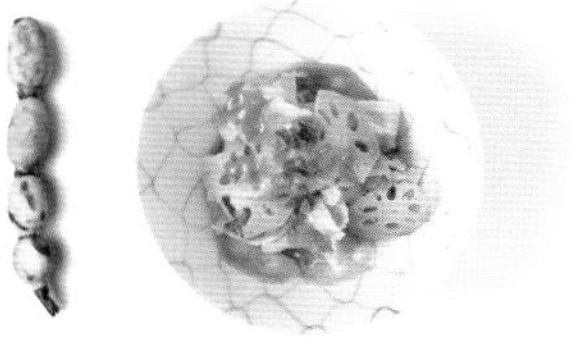

材料

ピーナッツと胡麻の醤……大さじ2
水……小さじ1
蓮根……150g
パクチー……大さじ1
酢……適量
豚肉の薄切り……250g

作り方

1 ピーナッツと胡麻の醤に水を加えてタレを作る。蓮根は薄切りに、パクチーはみじん切りに。
2 蓮根に酢を加え、湯通ししたあと冷水に浸し、水を切る。
3 豚肉の薄切りは茹でこぼす。
4 2と3を合わせたあと、1のタレを回しかけ、パクチーを散らす。

10min

立冬

オレンジ / オレンジチキン

材料

鶏もも肉……1枚
ピーナッツと胡麻の醤……大さじ1と½
オレンジの汁……100cc
醤油……大さじ1
オレンジの皮……1個分
苦茶油（又はオリーブ油）……大さじ1
玉葱（薄切り）……1個分
塩……適量

作り方

1 鶏もも肉は食べやすい大きさに切っておく。
2 ピーナッツと胡麻の醤、オレンジの汁、醤油、半分のオレンジの皮を混ぜておく。
3 フライパンを熱し、玉葱を炒めた後、鶏もも肉を色がつくまで焼く。
4 2を入れて蓋をし、弱火で汁気がなくなるまで煮る。
5 最後に塩で味を整え、皿に盛って残ったオレンジの皮を散らす。

30min

タレ焼き
マレーシア
Malaysia

焼き物は世界各地で見られますが
作り方の手順、味付けやタレの選び方は
場所や文化によって実に様々です。
マレーシアのサテは
生姜や唐辛子の辛味にピーナッツを加えたタレに
さっぱりとしたきゅうりや玉葱を付け合わせ。
道端の屋台でも、宴会の大皿でも
なくてはならないマレーシア人たちの
ソウルフードです。

材料

竹串……16本
ステーキ用牛肉……300g
鶏もも肉……300g
スパイス
ピーナッツと胡麻の醤……大さじ1と½
フェンネルパウダー（茴香《ウイキョウ》粉）……小さじ½
唐辛子パウダー……小さじ¼
クミンパウダー……小さじ¼
水……小さじ½

作り方

1 竹串を水に浸け、ステーキ用牛肉は一口大に切っておく。鶏もも肉も食べやすい大きさに切る。
2 すべてのスパイスと水を合わせ、サテのタレを作る。
3 肉を2に漬け、1時間ほど置く。
4 竹串に肉を刺し、220℃に予熱したオーブンへ。牛肉は6分、鶏肉は10分ほど焼く。

台湾醤と 相思相愛

春巻

100% SAUCE

材料

林檎……1個
海苔（手巻き寿司用）……2枚
春巻の皮……4枚
ピーナッツと胡麻の醤……小さじ2
アルファルファ……150g

作り方

1 林檎は細長く切り、海苔2枚は半分の大きさに切る。
2 春巻の皮に海苔を重ね、ピーナッツと胡麻の醤を塗る。
3 2にアルファルファと林檎をのせて巻く。

春巻の皮

小麦粉と水でできたゆるめの生地を、熱々の鉄板上にサッとこすってパリっと焼き上げる春巻の皮。透けるほどの薄さは熟練技です。清明節（春分のあとに来る中国の祝日）に春巻を食べる風習のある台湾。春の風に爽やかな春巻がよく合います。

海苔

暗い海底の岩場で育つ海藻類。沿岸の人々はこれを集め、乾かし、紙のように薄い海苔を作りました。カルシウムたっぷり、栄養バランスのいい海の幸です。

一樣米飼百樣人

［米は米でも千差万別］

醤に使う
台湾食材

タロイモとサツマイモ

Yam and Taro

台湾らしさ

台湾らしさって何でしょう?
台湾を象徴するものとして、
真っ先に思い浮かぶのは?
タロイモやサツマイモは
そのいびつな楕円形が台湾の形によく似ており
台湾の苦しい時代を何度も救ってきました。
土の中で辛抱強く育つ素朴さが
台湾精神を表しているともいわれます。
ほんのり紫色のタロイモと
淡い黄色のサツマイモは
スープ、粥、煮物、スイーツなど
台湾の日常に寄り添っているのです。

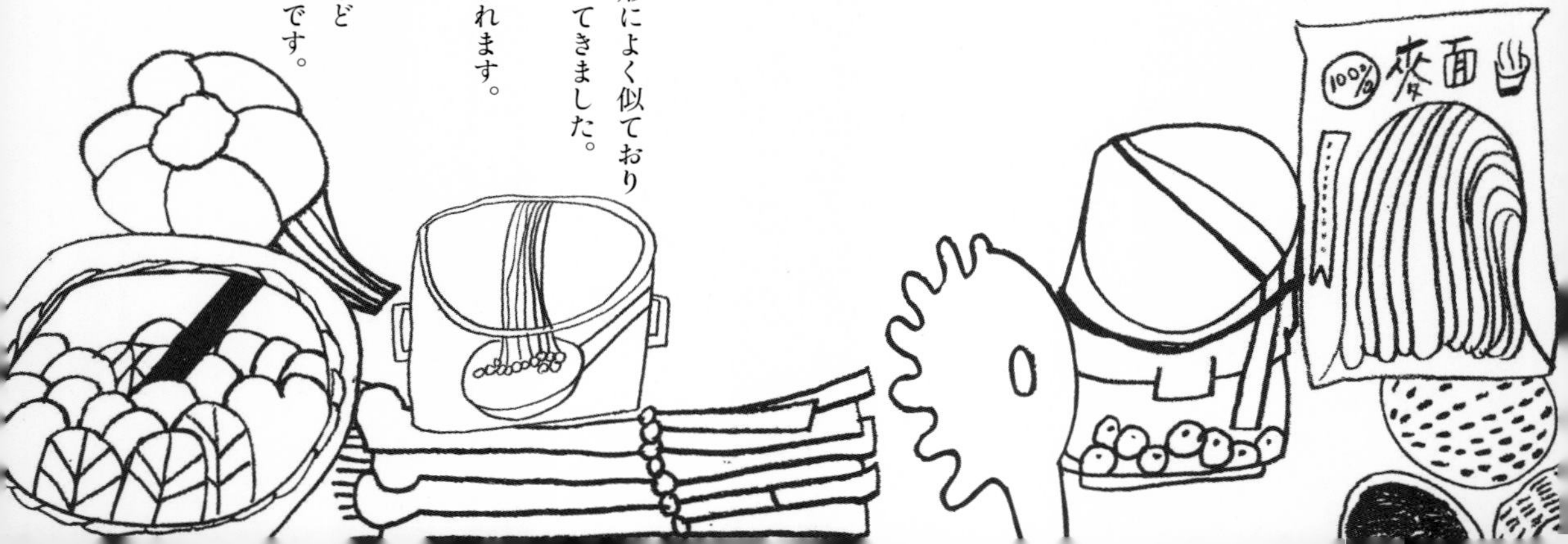

台湾醤と
相思相愛
焼きイモマシュマロ
100% SAUCE

材料

マシュマロ……10個
サツマイモと麦芽の醤……大さじ6
ラム酒……大さじ1
卵……1個
塩……適量
ミックスナッツ……大さじ4

作り方

1 マシュマロは半分に切る。
2 サツマイモと麦芽の醤をペースト状に潰し、ラム酒、卵と塩と一緒によく混ぜる。
3 2を耐熱皿に入れ、上にナッツを散らし、さらにマシュマロで蓋をするように並べる。
4 200℃に温めたオーブンでマシュマロに焦げ目が付くまで焼く。

マシュマロ

マシュマロの起源はなんと古代エジプト。植物の根をすりつぶし、薬などに使ったのが始まりだとか。その後、ヨーロッパでお菓子として完成し、今の姿に。子どもたちの人気者です。

ラム酒

西インド諸島の船乗りが、航海中にサトウキビから作ったのがラム酒。サトウキビを絞った汁を発酵させ、蒸留し、樽に入れて熟成させたもの。海を渡った琥珀色のお酒です。

靠山吃山 靠海討海

[海のものと山のもの]

醤に使う
台湾食材

葱・にんにく・ニラ

Allium and Garlic

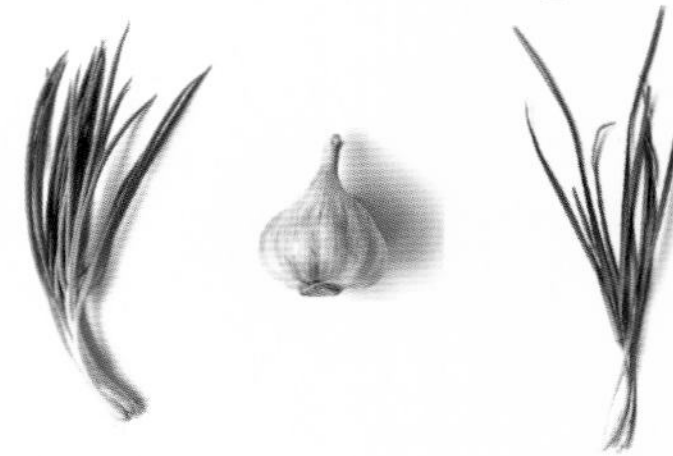

料理の始まり

中華料理から西洋料理まで
様々な食材が飛び交う昨今の厨房。
でも、そこに必ずあるのが葱、にんにく、ニラ。
ずっと昔から変わらない
厨房の開幕儀式のようなもの。
鍋を温め、葱やにんにくを高温で炒めることを
中華料理では「爆香《バオシャン》」と呼びます。
どんな料理にも、この工程は欠かせません。
常に脇役なのに、なくてはならない存在です。

材料

葱（白い部分）……40g
生姜……40g
にんにく……40g
葉にんにく……40g
ニラ……20g
ガチョウ油……120cc
おから……80g
豆板醤……小さじ½

作り方

1 葱、生姜、にんにく、葉にんにく、ニラはみじん切りにする。

2 ガチョウ油20ccをフライパンに入れ、おからを入れてから火を付けてパラパラになるまで炒める。

3 残りの油を熱して生姜、にんにく、葉にんにく、葱の順に入れて炒め、さらに豆板醤を加えてからニラを入れる。

4 最後に2を加えて全体を炒め合わせる。

1 葱、生姜、にんにく

台湾料理はこの3つがなければ始まりません。生で使ったり、香ばしく揚げたり。調理によって味も様々。

2 おから

台湾では豆乳を絞ったカスに香辛料を加えておからにしていることが多く、にんにくを加えた魚料理用や、生姜などを加えたベジタリアン用のものがあります。

Taiwan pure=sauce

手作り醤

熟成した
辛味と旨味

葱とおからの醤

炒めものやおかずパイにも。
ササッと炒めてアツアツをどうぞ

- 美味しい期間 -

未開封冷蔵 30日

香

ガチョウ油 3

濃厚で口当たりの滑らかなガチョウ油。動物性油の中では、必須脂肪酸である不飽和脂肪酸が多く含まれます。

ニラ 4

葱、生姜、にんにくという台湾料理の3大香味のほかに、ニラもまた香り付けとして使われます。

台湾醤と
季節の素材

風土食物

Taiwan
pure=sauce

葱とおからの醤 × 節句の食材

驚蟄

クワレシダ / クワレシダの和え物

材料

クワレシダ※……1束
苦茶油（又はオリーブ油）……大さじ1
葱とおからの醤……大さじ2

※台湾や東南アジアで食用にされるシダ

作り方

1 クワレシダは洗って水を切る。
2 フライパンに油を熱し、クワレシダを炒めた後、葱とおからの醤を混ぜる。

3min

夏至

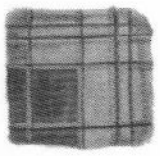

アサリ / アサリの炒めもの

材料

唐辛子……2本
苦茶油（又はオリーブ油）……大さじ1と½
アサリ……500g
米酒……大さじ2
葱とおからの醤……大さじ2

作り方

1 唐辛子はみじん切りに。
2 フライパンに油を熱し、唐辛子を炒めて香りが出たらアサリを入れて炒める。
3 米酒を回しかけ、蓋をして蒸す。
4 アサリがすべて開いたら、葱とおからの醤を加える。

20min

秋分

蟹 / 蟹の香港風炒め

30min

材料

苦茶油（又はオリーブ油）……400cc
小麦粉……適量
蟹……4匹
葱とおからの醤……大さじ4
塩……適量
台湾バジル……適量

作り方

1 油をフライパンに入れる。食べやすい大きさに切り小麦粉をまぶした蟹を黄金色になるまで揚げ、取り出しておく。

2 同じ鍋に大さじ1の油を残し、葱とおからの醤を炒めたら、蟹を戻す。

3 最後に塩で味を調え、台湾バジルを散らす。

大雪

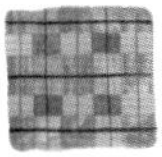

ティラピア / ティラピアのおからのせ

15min

材料

ティラピアの切り身……1枚
塩……適量
米酒……大さじ2
苦茶油（又はオリーブ油）……大さじ1
葱とおからの醤……大さじ2

作り方

1 ティラピアの切り身に塩をふり、米酒をふりかけておく。

2 蒸し器にお湯を沸かし、1のティラピアを入れ、蓋をして強火で5分蒸す。

3 フライパンに油を熱し、葱とおからの醤を炒めたら、2のティラピアに回しかける。

台湾醤と
異文化

焼きもの

フランス

France

キノコのキッシュ

フランスではどの家庭にも
代々受け継がれるキッシュがあります。
いわば、フランスのおふくろの味。
あり合わせの素朴な材料は
土地土地の食文化を表しています。
家庭で、街中のカフェやレストランで。
どこででも気軽に食べられるスナックです。

材料

- パイ生地（市販）……2個分
- マッシュルーム……60g
- 椎茸……60g
- しめじ……60g
- 玉葱……½個
- 卵……2個
- 牛乳……大さじ3
- パルメザンチーズ……20g
- 葱とおからの醤……大さじ2
- バター……20g
- 塩……適量

作り方

1 パイ生地にフォークを刺して穴を開けておく。

2 オーブンを180℃に温め、パイ生地を10～15分焼き、色が付いたら取り出して冷ます。

3 マッシュルーム、椎茸、しめじ、玉葱は薄切りにする。

4 卵、牛乳、パルメザンチーズをよく混ぜ合わせる。

5 フライパンにバターを溶かし、玉葱を透明になるまで炒めたら、キノコ類を加えてさらに炒める。

6 葱とおからの醤と、4と5の材料を合わせ、塩で味を調えてパイ生地に入れる。

7 200℃に温めたオーブンで、6を表面に焼き色が付くまで焼く。

台湾醤と 相思相愛

ニラ餃子

100% SAUCE

材料

ニラ……………………100g
春雨…………………………2束
葱とおからの醤………大さじ2
塩……………………………適量
餃子の皮……………………20枚
苦茶油（又はオリーブ油）
……………………………大さじ2

作り方

1 ニラは洗ってみじん切りに。
2 春雨は15分ほど水に浸け、ぶつ切りに。
3 1と2と葱とおからの醤を合わせ、塩で味を調整して餃子の具を作る。
4 3の具を餃子の皮に包む。
5 フライパンに油を熱し、餃子と同じ要領で焼く。

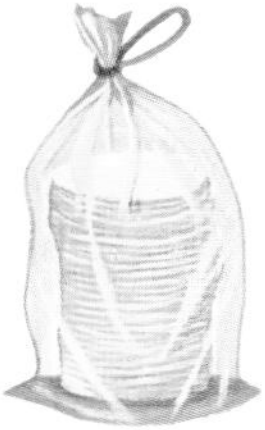

餃子の皮

中華圏で餃子といえば水餃子。このため台湾のスーパーで売っている餃子の皮も水餃子用の厚いもの。ニラ入りの餃子風は台湾の朝食店の定番で、餃子ではなく韮菜盒《ジョウツァイハー》と呼ばれています。

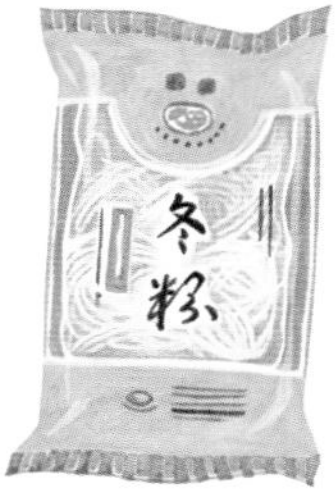

春雨

緑豆の粉でできた、歯ごたえのある春雨。スープの味を吸いやすいため、台湾では麺の代わりに春雨を入れることも多いのです。細かく砕けば餃子の具にも。

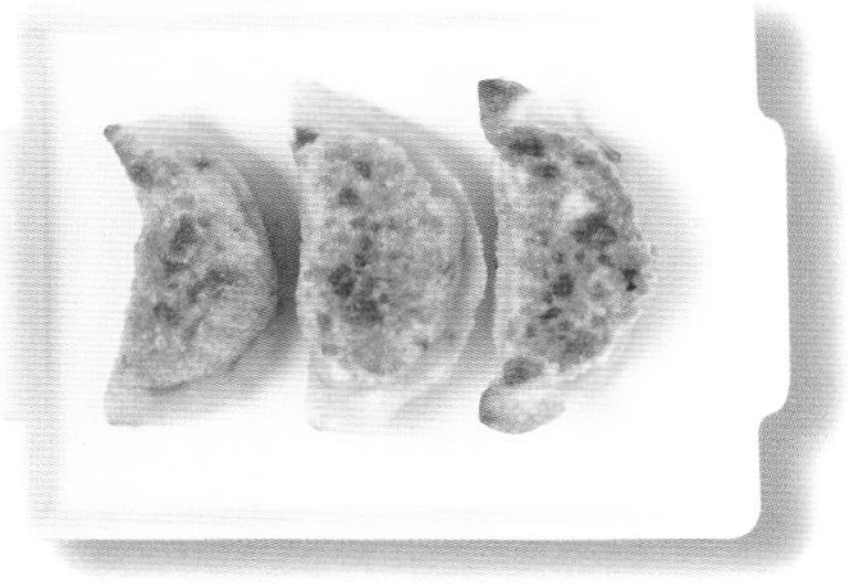

靠山吃山 靠海討海

[海のものと山のもの]

醤に使う
台湾食材

生姜

Old Ginger

転がる石

台湾をはじめとするアジア人には
暗黙の了解や、隠す哲学が存在します。
あからさまでないことが美しい。
それは生姜の陰なる力と似ています。
台湾人は幼いころから生姜を食べ続けますが
生姜が主役となることはなく、常に陰なる存在。
陰ながら身体を温め、体力を補ってくれます。
そんな生姜は、実は栽培が難しく、連作が苦手。
一度生姜を収穫すると、同じ畑では作れません。
転がる石に苔は生えない。
生姜は畑を点々としながら、
台湾人の胃袋を支え続けているのです。

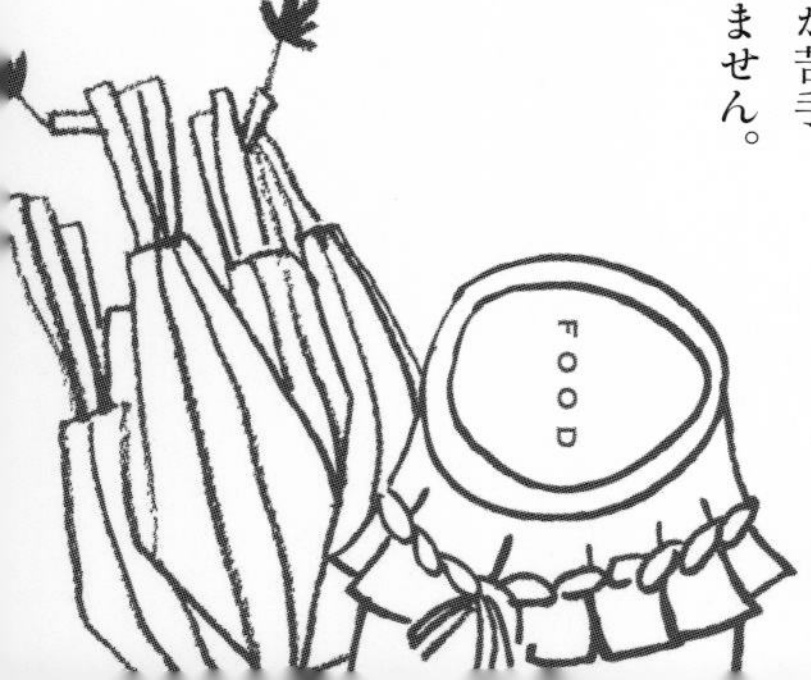

台湾醤と
相思相愛

海老春雨

100% SAUCE

材料

春雨……3束
苦茶油（又はオリーブ油）……大さじ1
海老……4匹
生姜と冬瓜の醤……大さじ2
水……300cc
台湾バジル……適量
白胡椒……適量

作り方

1 春雨は水に浸けて戻し、水気を切っておく。
2 鍋に油を入れて海老の色が変わるまで炒め、取り出す。同じ鍋に生姜と冬瓜の醤を入れ、水を注ぎ、煮立ったら弱火で10分ほど煮る。
3 2に春雨と海老を加え、煮立ったら台湾バジルを入れ、白胡椒で味を調える。

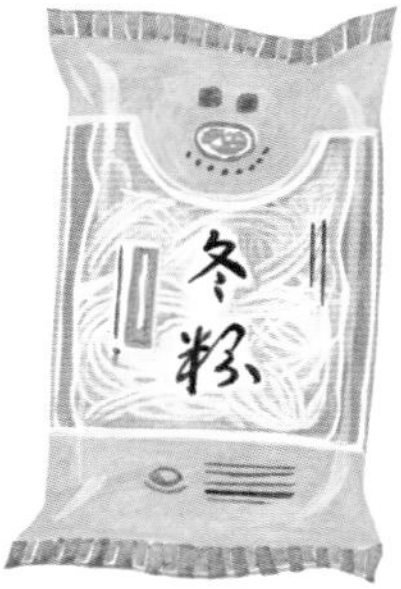

春雨

国や文化によって、麺食のあり方は様々です。イタリアのパスタ、日本のうどんやラーメンは有名ですが、台湾にも油麺、陽春麺《ようしゅんめん》、意麺《イーミェン》、春雨、ビーフンなど様々な麺の種類があります。

靠山吃山 靠海討海

「海のものと山のもの」

醤に使う
台湾食材

生薬

Medicinal Foods

医食同源

東洋人は、人体の中に
目に見えない「気」があると考えます。
食材にはそれぞれ
涼性、寒性、温性、熱性といった属性があり
体内の気の状態に合ったものを取り入れるのが
良いとされています。
何百年、何千年という時を経て
確立された薬膳という文化。
台湾の飲食では日頃から
医食同源が当たり前です。

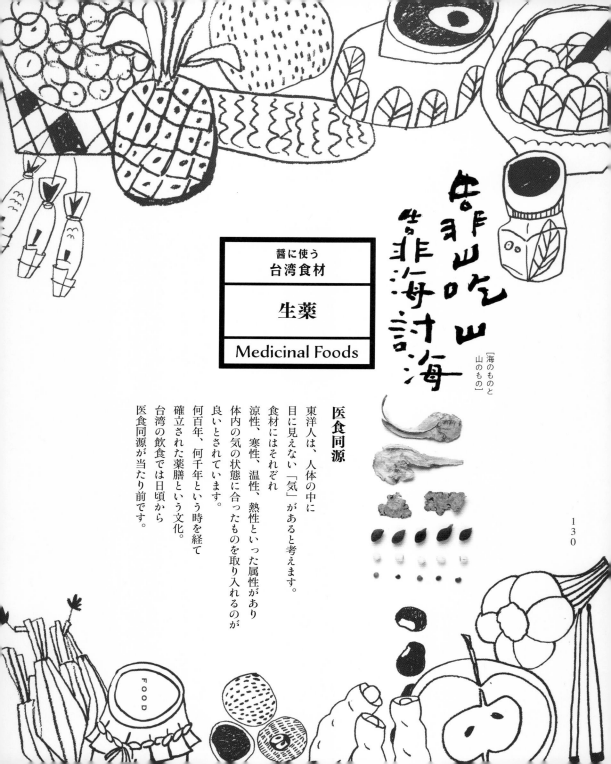

台湾醤と 相思相愛 コールラビの冷菜 100% SAUCE

材料

コールラビ※……250g
セロリ……適量
パイナップルと豆麹の醤……大さじ1と½
白胡麻油……小さじ¼
花椒油《かしょうゆ》……小さじ¼

※アブラナ科の野菜。見た目はカブのよう

作り方

1 コールラビは細切りに、セロリはみじん切りに。
2 コールラビを、パイナップルと豆麹の醤、白胡麻油、花椒油と和える。
3 皿に盛り、セロリを散らす。

花椒油《かしょうゆ》

辛味としびれを持つ花椒（中国山椒）で香り付けをした油です。花椒の香ばしさを閉じ込め、料理に垂らすだけで四川の風味が広がります。

靠山吃山 靠海討海

[海のものと山のもの]

醤に使う
台湾食材

葡萄

Grapes

青は藍より青し

台湾の葡萄は
ワイン用の金香と呼ばれる種が主流でしたが
その後、日本から巨峰が持ち込まれ
台湾で改良を重ねたすえ
世界に通じる美味しい葡萄が実りました。
普通は一年に一度しか
収穫できない巨峰ですが
台湾では優れた栽培技術により
一年に2～3回も美味しい
巨峰が採れるのです。

材料

- 葡萄（巨峰）……………600g
- 氷砂糖……………300g
- 檸檬汁……………大さじ1
- ペクチン……………50g
- 紅茶……………適量

作り方

1 葡萄は1粒ずつよく洗い、沸騰したお湯に10～15秒くぐらせたら冷水に浸ける。皮を剥き、ヘタの部分から楊枝などで種を取る。

2 種はお茶パックに入れ、葡萄の果肉と一緒に空の鍋に入れる。氷砂糖、檸檬汁を加えてよく混ぜ、そのまま4～6時間置く。

3 葡萄の果肉をすくい上げ、鍋を加熱し、煮立ったら弱火にしてそのままかき混ぜる。

4 アクを取り、ペクチンを入れてペースト状にする。

5 葡萄の果肉を鍋に戻し、煮立ったら軽く砕いた紅茶の葉を入れる。

6 お茶パックを取り出し、火を止めたら瓶に入れ、瓶をしばらく上下逆さまにして密封する。

❶ 葡萄

台湾中部は巨峰の名産地。夏と冬、少なくとも2回収穫でき、黒々とした皮とみずみずしい果肉が特徴。

❷ 林檎

台湾中央の梨山で採れる林檎は蜜が多く果肉が甘く、酸味とのバランスが絶妙です。この醤で使うペクチンは、林檎から作ることが出来ます。

❸ 檸檬

日本などの黄色い檸檬とは異なり、台湾檸檬は黄緑色が主流。これは気候の影響。酸味はありますが、栄養学上はアルカリ性です。

Taiwan pure=sauce

手作り醤

赤紫の宝石のソース

葡萄と紅茶のジャム

トーストに塗ったり
ホットやアイスのドリンクに

- 美味しい期間 -

未開封冷蔵 30 日

果

紅茶 ❹

世界中で飲まれている紅茶。台湾では日本時代に根付きました。日月潭《にちげつたん》一帯が紅茶の名産地です。

氷砂糖 ❺

氷砂糖は純度が高く素材の味を邪魔しないため、飲料や果実などと相性が良いといわれます。

台湾醤と
季節の素材

風土食物

Taiwan
pure=sauce

葡萄と紅茶のジャム × 節句の食材

春分

バナナ / バナナのフレンチトースト

材料

バナナ……2本
厚切り食パン……4枚
卵……2個
牛乳……200cc
バター……20g
葡萄と紅茶のジャム……大さじ2

作り方

1 バナナを薄切りにする。
2 厚切り食パンを三角形に切る。
3 卵と牛乳をよく混ぜる。
4 食パンの両面に3を染み込ませたら、バターを引いたフライパンで両面をよく焼く。
5 焼き上がったフレンチトーストにバナナをのせ、葡萄と紅茶のジャムをのせる。

5min

芒種

土芒果（台湾マンゴー）/ 牛肉とマンゴーの和え物

材料

土芒果（小ぶりで緑色の台湾産マンゴー）……5個
牛肉……200g
塩……適量
葡萄と紅茶のジャム……大さじ2
ミント……適量

作り方

1 土芒果は皮を剥き、細切りにする。
2 牛肉に塩をふり、220℃に温めたオーブンで8分間焼く。
3 焼き上がった肉、土芒果、葡萄と紅茶のジャムをよく混ぜる。
4 塩で味を調えたら、皿に盛りミントを飾る。

10min

處暑

文旦《ブンタン》 / 文旦と蟹の和え物

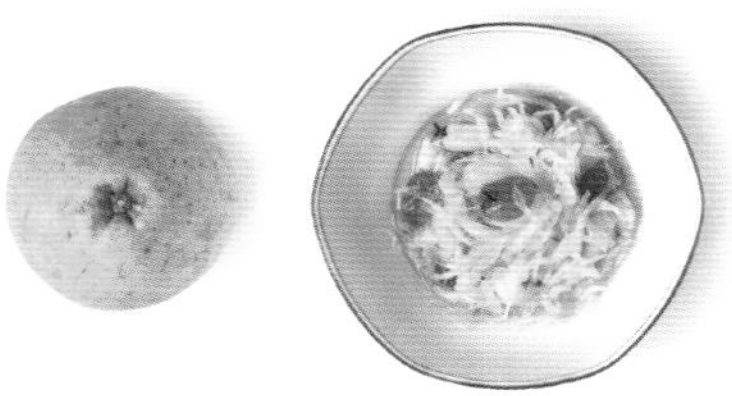

材料

苦茶油（又はオリーブ油）……大さじ1
蟹肉……150g
白ワイン……大さじ1と½
文旦……250g
檸檬汁……大さじ2
葡萄と紅茶のジャム……大さじ2
塩……適量

作り方

1 フライパンに油を熱し、蟹肉を炒める。白ワインを回しかけ、取り出して冷ます。
2 蟹肉、文旦の果肉、檸檬汁、葡萄と紅茶のジャムを混ぜ合わせる。
3 仕上げに塩で味を調える。

20min

大寒

菜心《サイシン》 / 菜心と豚肉の炒めもの

材料

菜心（アブラナ科の野菜）……250g
塩……適量
苦茶油（又はオリーブ油）……大さじ1
豚肉の細切れ……250g
葡萄と紅茶のジャム……大さじ2

作り方

1 菜心は皮を剥き、食べやすい大きさに切り、塩をふったあと水分をしぼる。
2 フライパンに油を熱し、豚肉を色が変わるまで炒めたら菜心を加える。
3 最後に葡萄と紅茶のジャムと塩で味を調える。

15min

鴨の胸肉のソテー

台湾醤と
異文化

ソテー

フランス

France

フランスは南北で食文化に差があります。
北部パリのマカロンから
南部マルセイユのブイヤベースまで。
南西部トゥールーズでは
鴨胸肉のソテーが名物料理です。
こんがり焼き上げた皮と
香り高い柔らかな胸肉を
葡萄のソースでいただきましょう。

材料

鴨の胸肉……………………300g
塩……………………………適量
葡萄と紅茶のジャム………大さじ1と½
金蓮花《キンレンカ》………………………2輪

作り方

1 鴨の胸肉は表面の皮に十字の切れ目を入れ、塩をふっておく。

2 フライパンを火にかけ、鴨肉の両面をフライパンに押し付けるようにして焼色が付くまで焼く。9割がた火を通す。

3 鍋から取り出したら薄切りにし、葡萄と紅茶のジャムと金蓮花、あればベビーリーフを添える。

台湾醤と相思相愛

もち米粥

100% SAUCE

材料

もち米……1カップ
龍眼と棗の醤……大さじ3
三温糖……50g
水……1200cc
米酒……大さじ3

作り方

1 もち米は洗い、1時間ほど水に浸ける。
2 龍眼と棗の醤、もち米、三温糖に水1000ccを加えて電鍋（普通の鍋で代用可）に入れ、外鍋に200ccの水を入れて煮る。普通の鍋で煮る場合は20～30分。
3 煮えたら米酒を加え、5分蒸らす。

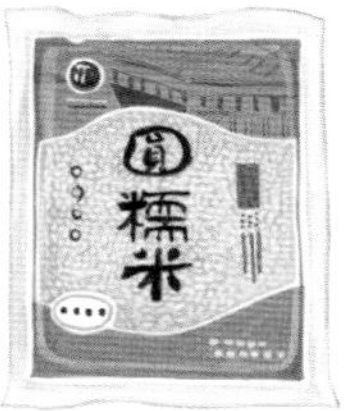

もち米

毎日食べる米ではありませんが、節句の時期には欠かせないもち米。もちもちの食感が幸せを呼びます。

米酒

フランス人はワインが得意、ドイツ人はビール好き、スコットランド人はウィスキーを生みました。米を主食とする華人は米から酒を作り、香り付け、煮込み、漬物などに取り入れています。

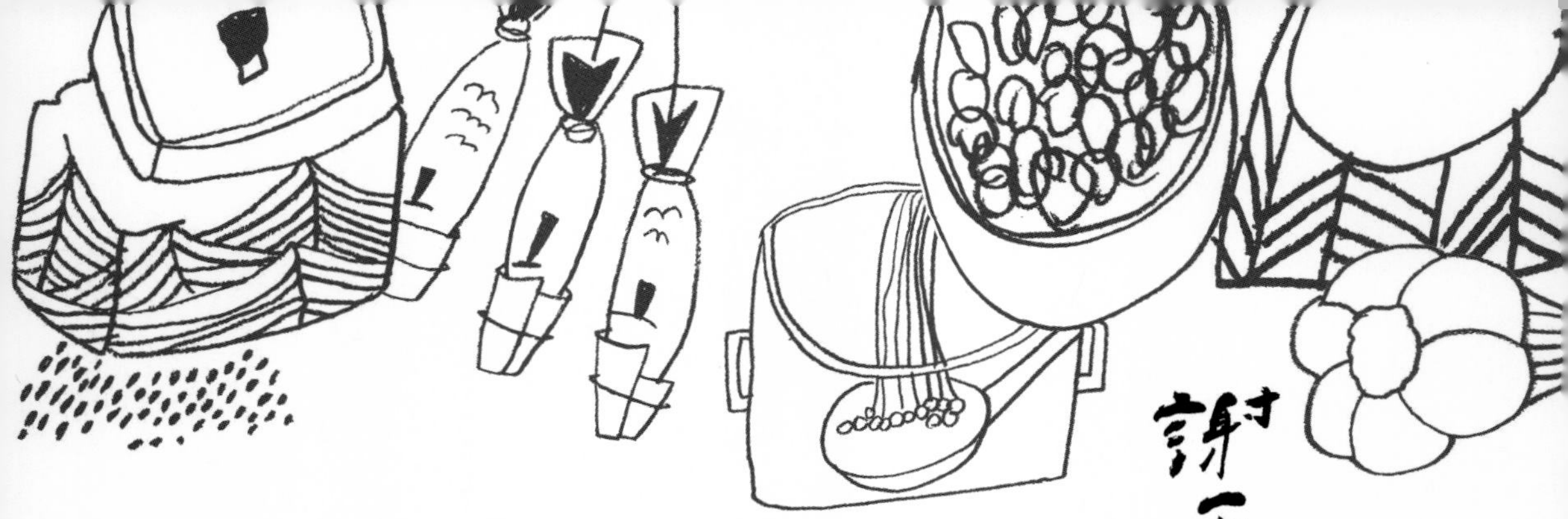

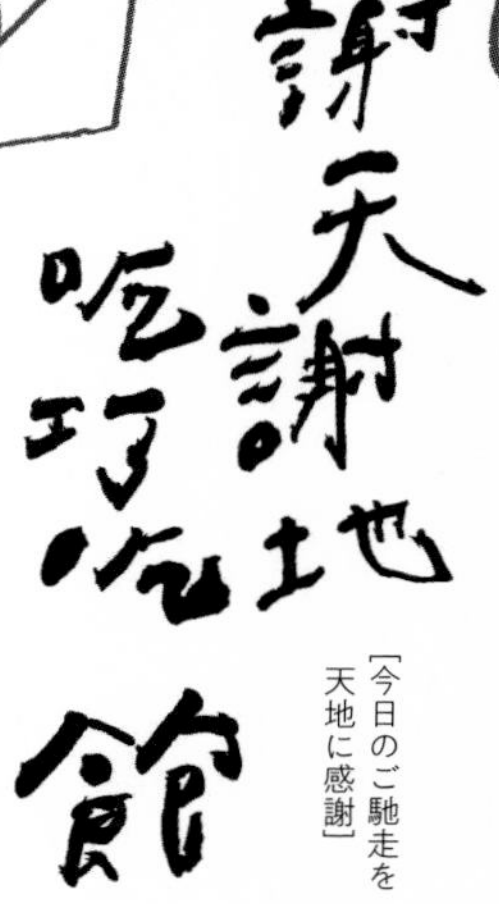

［今日のご馳走を天地に感謝］

醬に使う
台湾食材

フライドエシャロット

Crisp Red Onions

国民的トッピング

エシャロットをラードできつね色に炒めると
動物性油と植物のコラボが
香りと辛味を補い合い、
台湾人がこよなく愛する
フライドエシャロットが生まれます。
スープに入れたり、お焼きの具にしたり、
野菜と和えたり
簡単そうに見えて実は奥深いのです。
生活に根付き、人々の味覚に馴染み
貧しい時代を彩りながら
妥協せず、堅実に歩んできた
台湾のソウルフードです。

Taiwan
pure=sauce

手作り醤

豚肉料理のアクセント

ラードとエシャロットの醤

麺やご飯にサッと混ぜる、
時短の強い味方

- 美味しい期間 -

未開封冷蔵 30 日

油

材料

エシャロット……………２００g
干し海老……………３００g
ラード……………３００g

作り方

１エシャロットと干し海老はみじん切りにする。
２フライパンにラードを熱し、弱火でエシャロットがきつね色になるまで炒める。
３最後に干し海老を散らして炒める。

❶ エシャロット

にんにくと玉葱の特徴を併せ持つエシャロット。独特の香りが人気です。

❷ ラード

低温で固まり、日持ちするラード。高温にも強いため揚げ物が得意。肉がないときに野菜やご飯と混ぜるだけで一品に。

干し海老 ❸

身体が冷えるときは干し海老を採ると良いとされています。たくさん買ったら冷凍庫で保存を。

台湾醤と
季節の素材

風土食物

Taiwan
pure=sauce

ラードと
エシャロットの醤
×
節句の食材

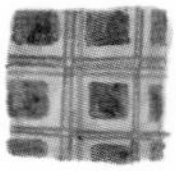

立春

ニラ / ニラと牡蠣のスープ

材料

ニラ……2〜3本
水……800cc
米酒……少量
牡蠣……200g
片栗粉……少量
ラードとエシャロットの醤……大さじ1
塩……少量
白胡椒……少量

作り方

1 ニラは洗いぶつ切りにする。
2 鍋に800ccのお湯を沸かす。
3 別の鍋に分量外の水を入れて米酒を加える。水気を切った牡蠣に片栗粉をまぶし、煮立ったお湯にサッとくぐらせる。
4 2の鍋が煮立ったらニラと3の牡蠣を入れ、ラードとエシャロットの醤を加える。最後に塩と白胡椒で味を調える。

30min

清明

枝豆 / 枝豆ご飯

材料

ウズラの卵……4個
枝豆……30g
冷めたご飯……2杯分
ラードとエシャロットの醤……大さじ1
醤油膏（とろみのある台湾醤油）……少量

作り方

1 ウズラの卵を茹で、水で冷やしたら殻を剥き半分に切る。
2 枝豆は茹でて氷水に浸し、水気を切る。
3 冷めたご飯にラードとエシャロットの醤をよく混ぜる。
4 別の茶碗に枝豆を入れ、3のご飯を入れたら蒸し器で蒸し、ひっくり返して皿に盛る。最後に醤油膏をたらす。

30min

白露

タロイモ / タロイモの含め煮

20min

材料

- タロイモ……2個
- セロリ……適量
- 水……適量
- ラードとエシャロットの醤……大さじ1
- 塩……適量
- 白胡椒……適量

作り方

1 タロイモは皮を剥き、洗って乱切りに。セロリはみじん切りにする。

2 タロイモを鍋に入れ、かぶるくらいの水を入れて煮る。ラードとエシャロットの醤を入れたら、塩、白胡椒で味付けし、盛り付けしてセロリを散らす。

小寒

芥子《からし》菜 / 芥子菜の和え物

3min

材料

- 水……適量
- 塩……少量
- 芥子菜《からしな》……250g
- ラードとエシャロットの醤……大さじ1

作り方

1 鍋に水と少量の塩を入れて沸騰させ、芥子菜を茹でる。水気を絞った芥子菜をラードとエシャロットの醤に和える。

台湾醤と
異文化

和え物

モロッコ

Morocco

クスクス

クスクスは、粗挽きの小麦粉に水を含ませ
小さく米粒状に丸めたもので、
パラパラとした食感。
様々な材料に合う、
北アフリカ出生の万能食です。

材料

クスクス……100g
冬瓜《とうがん》……30g
パプリカ……30g
トマト……30g
玉葱……30g
ラードとエシャロットの醤……大さじ1と½

作り方

1 ザルでクスクスを洗い、水を切る。冬瓜、パプリカ、トマト、玉葱は小さめの角切りに。

2 鍋に水を入れて沸騰したら1のクスクスを入れて蓋をし、再度煮立ったら火を止めて水を切る。

3 フライパンにラードとエシャロットの醤を入れ、冬瓜、パプリカ、トマト、玉葱を炒めたら、2のクスクスを入れて混ぜる。

台湾醤と 相思相愛 ラードご飯

100% SAUCE

材料

白ご飯……茶碗1杯分
ラードとエシャロットの醤……小さじ1
醤油膏……適量

作り方

1 アツアツの白ご飯にラードとエシャロットの醤を混ぜ、醤油膏をたらす。

醤油

台湾の醤油は黒豆から作られるものが多く、つややかな黒色をしています。醤油膏はそんな醤油にとろみを加えた甘辛いタレ。様々な料理の隠し味に。

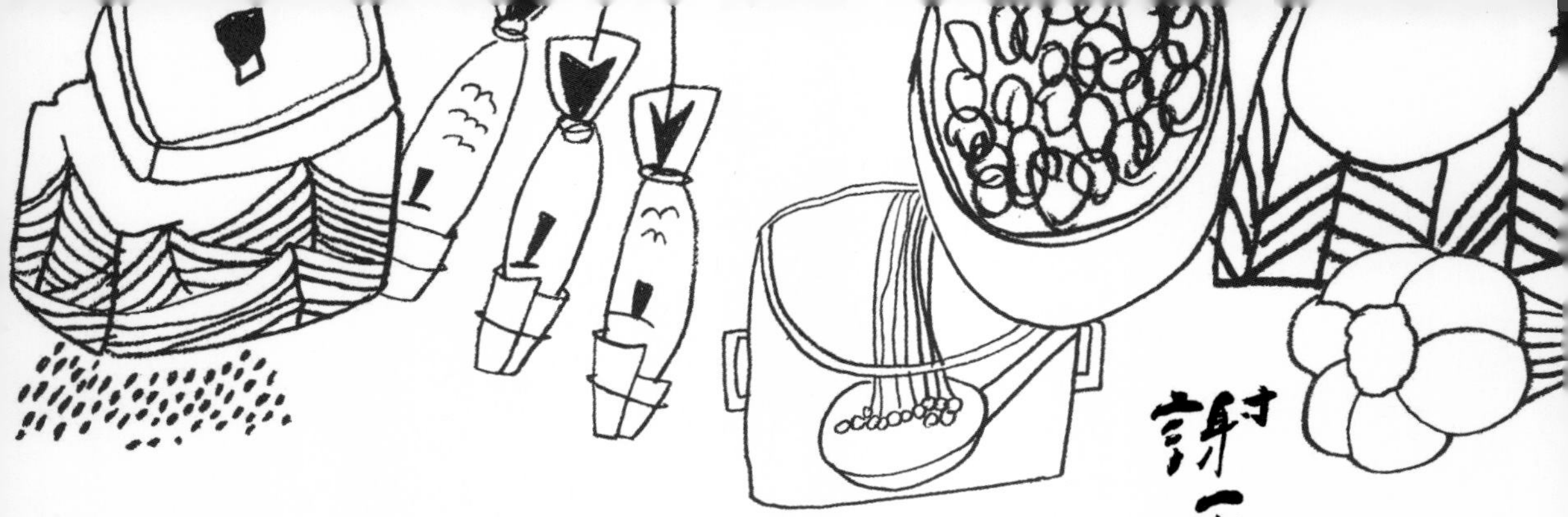

謝天謝地
吃巧吃館

［今日のご馳走を天地に感謝］

醬に使う
台湾食材

胡麻油

Sesame Oil

古き良き香り

その昔、暮らしの中で大切なことは、
米と、それを炊くための柴、そして油でした。
植物性にはピーナッツ油、
胡麻油、苦茶油などがあり、
動物性には牛油、ラード、バターがあります。
小さな胡麻からできる胡麻油ですが
東洋の食文化においては大きな存在。
黒胡麻油は揚げ物が得意で、滋養強壮効果があり
白胡麻油は香り付けが得意で
料理の風味を増します。
胡麻は稲とよく似ていて
畑で作られ、収穫、乾燥を経て
米粒よりも小さな種から油が作られます。
昔から、その手法と香りは
あまり変わっていないのです。

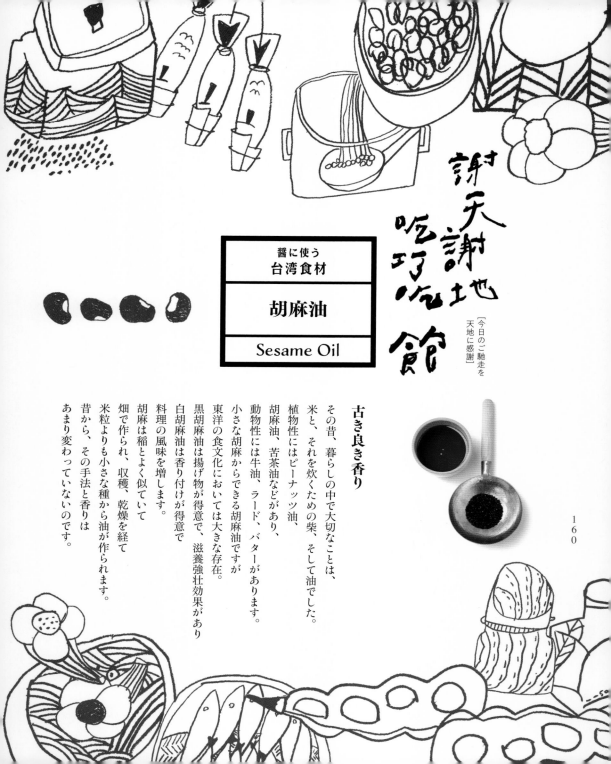

材料

- 生姜……120g
- キマメ……50g
- 水……大さじ2と½
- 干し葡萄……40g
- 米酒……大さじ2
- 黒胡麻油……大さじ5
- 醤油……大さじ2と½
- オレンジの皮……¼個分

作り方

1 生姜は薄切りにする。キマメは水に浸けた後、煮ておく。干し葡萄は酒（分量外）に漬けておく。

2 フライパンに黒胡麻油を熱し、生姜を炒めたら、醤油、米酒を入れて軽く炒める。

3 1のキマメをお湯ごと加え、柔らかくなったらミキサーでペースト状にする。

4 最後にオレンジの皮と干し葡萄を入れて煮詰める。

Taiwan pure=sauce

手作り醤

産後の栄養補給にも

胡麻油と生姜の醤

身体を温め、
冬を乗り切る栄養食

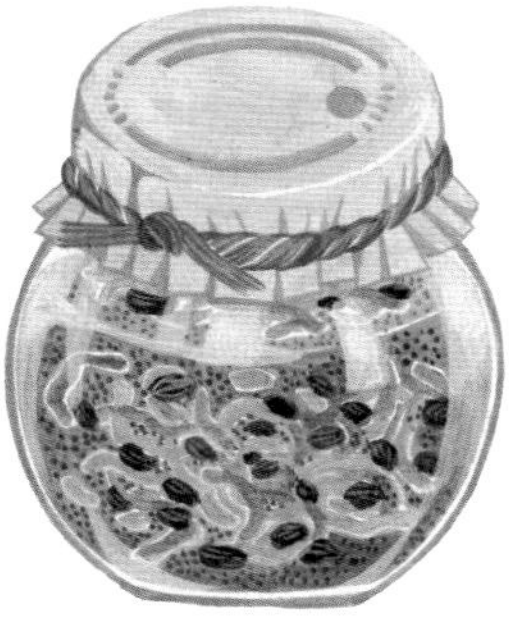

- 美味しい期間 -

未開封冷蔵 30日

油

❶ 生姜

古い生姜ほどピリリと辛く、力強い味がします。台湾料理は生姜がないと始まりません。

❷ 黒胡麻油

伝統的な圧搾手法で作られる胡麻油は色艶と香りがよく、酸化防止効果があります。冬場や産後の栄養補給に。

❸ キマメ

阿《ア》美《ミ》族をはじめとする台湾先住民が主食とするキマメ。肉と煮ると風味豊かです。

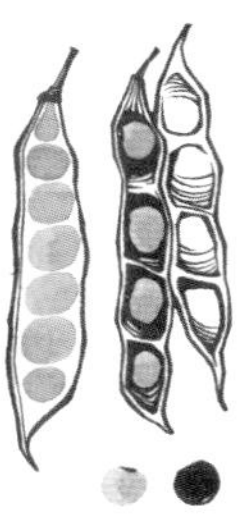

オレンジの皮 ❹

オレンジの香りはまさに料理の芸術。葉も、果肉も、皮も香り付けに使われます。

干し葡萄 ❺

塩味の料理に干し葡萄を加えると、甘味と酸味でまろやかに。

醤油 ❻

しょっぱいけれど塩ではなく、時間とともに風味を変える生き物です。

台湾醤と
季節の素材

風土食物

Taiwan
pure=sauce

胡麻油と生姜の醤 × 節句の食材

夏至

水前寺菜《すいぜんじな》 / 水前寺菜炒め煮

10min

材料

水前寺菜……300g
青葱……10g
生姜……4g
胡麻油と生姜の醤……大さじ2
塩……適量

作り方

1 水前寺菜は葉をつまみ、青葱はぶつ切りに。生姜は薄切りにする。

2 胡麻油と生姜の醤で青葱と生姜を炒め、香りが出たら水前寺菜を加え、最後に塩で味を調える。

驚蟄

黄ニラ / 黄ニラと豚レバー

20min

材料

豚レバー……150g
米酒……大さじ5
黄ニラ……150g
生姜……4g
酢……小さじ1
鶏ガラスープ……大さじ3
醤油膏……大さじ1
胡麻油と生姜の醤……大さじ2

作り方

1 豚レバーはよく洗って水気を取り、切ってから米酒に10分浸す。黄ニラは7センチほどの長さに切る。生姜は薄切りにする。酢、鶏がらスープ、醤油膏、胡麻油と生姜の醤は混ぜておく。

2 胡麻油と生姜の醤で生姜を炒め、豚レバーを加えて強火にし、8割ほど火を通す。ここに黄ニラを入れ、1で混ぜたタレを回しかけて炒める。

白露

忘れ草 / 忘れ草と鶏肉の炒めもの

20min

材料

胡麻油と生姜の醤……大さじ4
鶏もも肉……200g
にんにく……10g
忘れ草※……20g
だし汁(豚骨スープや鶏ガラスープ)……200cc
醤油……大さじ2
スナップえんどう……40g

※台湾でポピュラーなユリ科の植物。蕾を食す。金針菜。

作り方

1 大さじ2の胡麻油と生姜の醤に鶏もも肉を漬ける。にんにくは薄切りに。

2 残りの胡麻油と生姜の醤でにんにくを炒め、1で漬けておいた鶏もも肉を入れ5分ほど炒めて火を通す。忘れ草、だし汁、醤油、胡麻油と生姜の醤を入れて3分焼く。

3 最後にスナップえんどうを入れ、火が通り汁気がなくなったら出来上がり。

大雪

金柑《きんかん》 / 金柑卵

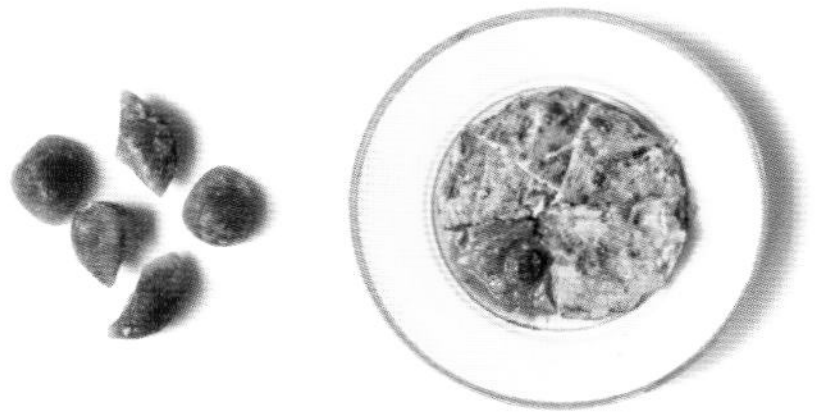

5min

材料

乾燥金柑……4個
ほうれん草……80g
卵……4個
葱……20g
塩……適量
胡麻油と生姜の醤……大さじ2
苦茶油(又はオリーブ油)……大さじ1

作り方

1 乾燥金柑は角切りに、ほうれん草はみじん切りにし、割りほぐした卵の中に油以外のすべての材料を入れる。

2 フライパンに油を熱し、1の卵液を入れて形を作る。

3 胡麻油と生姜の醤は付けダレとしても使用できる。その場合は卵に混ぜない。

サーモンソテー

台湾醤と
異文化

オイル漬け
フランス
France

西洋と東洋の調理法を融合させた料理。
材料を調味料に漬けた後、しばらく冷蔵し、
食材の性質を見ながら
きちんと火が通るまで熱を加えます。

材料

鮭……300g
塩……5g
胡麻油と生姜の醤……100g
オーブンシート……1枚

作り方

1 鮭はキッチンペーパーで汁気を吸い取り、全体に塩をまぶす。
2 鮭の表面に醤を塗り、オーブンシートで包んで冷蔵庫で5~8時間保存する。
3 取り出したらフライパンまたは魚焼き器で焼く。

台湾醤と

相思相愛

胡麻油麺線《ミェンシェン》

100% SAUCE

日干しの手作り麺線《ミェンシェン》

麺線は台湾で人気の煮込み素麺のこと。日本の手延《てのべ》素麺のように、手で麺を引っ張って伸ばすことでモチモチの食感が生まれます。1本1本大事に作っているのです。

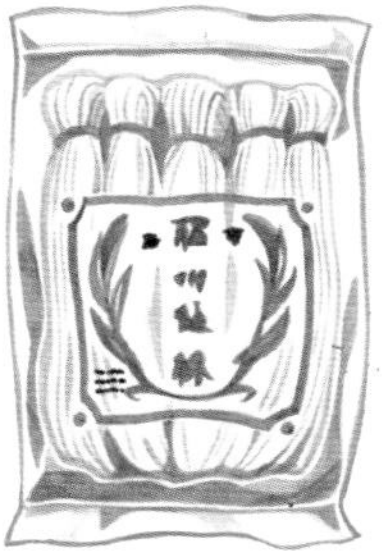

材料

麺線……………150g
胡麻油……………大さじ1
胡麻油と生姜の醤…………25g
醤油……………適量

作り方

1 鍋で麺線を茹でたら、胡麻油で和える。
2 フライパンで、麺線を弱火でパリッと焼く。
3 胡麻油と生姜の醤を加えて麺線と絡ませる。汁けがなくなったら醤油で味を調える。

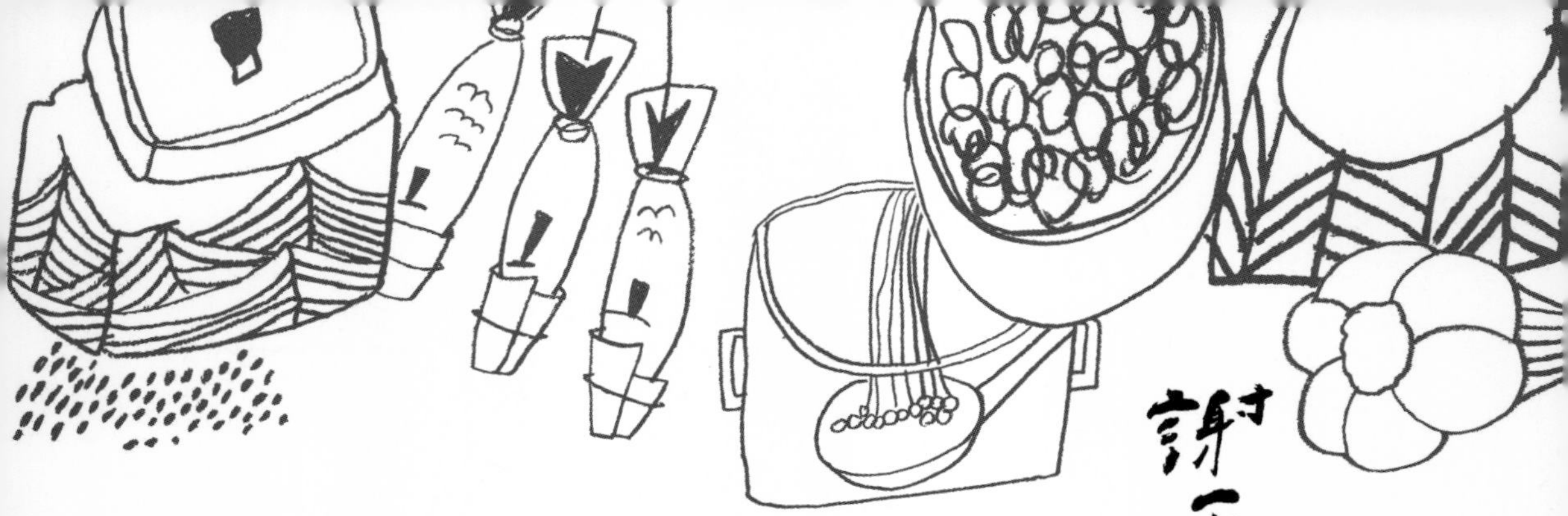

謝天謝地 吃巧吃館

［今日のご馳走を天地に感謝］

醬に使う
台湾食材

黒酢

Black Vinegar

お酢好きの民族

お酢づくりの道は
進むうちに二手に分かれ
一本は酒、一本は現在の酢にたどり着きました。
五味の中の酸味を担う酢は
更に白酢と黒酢に分かれます。
白酢は米などの穀物から
黒酢は果物などから醸造したものが多く
酸味、甘味、香味のバランスが良い酢です。
華人は酢を愛する民族。
酢のメリットは数え切れず。
料理に入れたり、付けダレにしたりと活躍します。
夜市で見つけたあんかけに黒酢を一滴垂らせば
新しい旨味が見つかります。

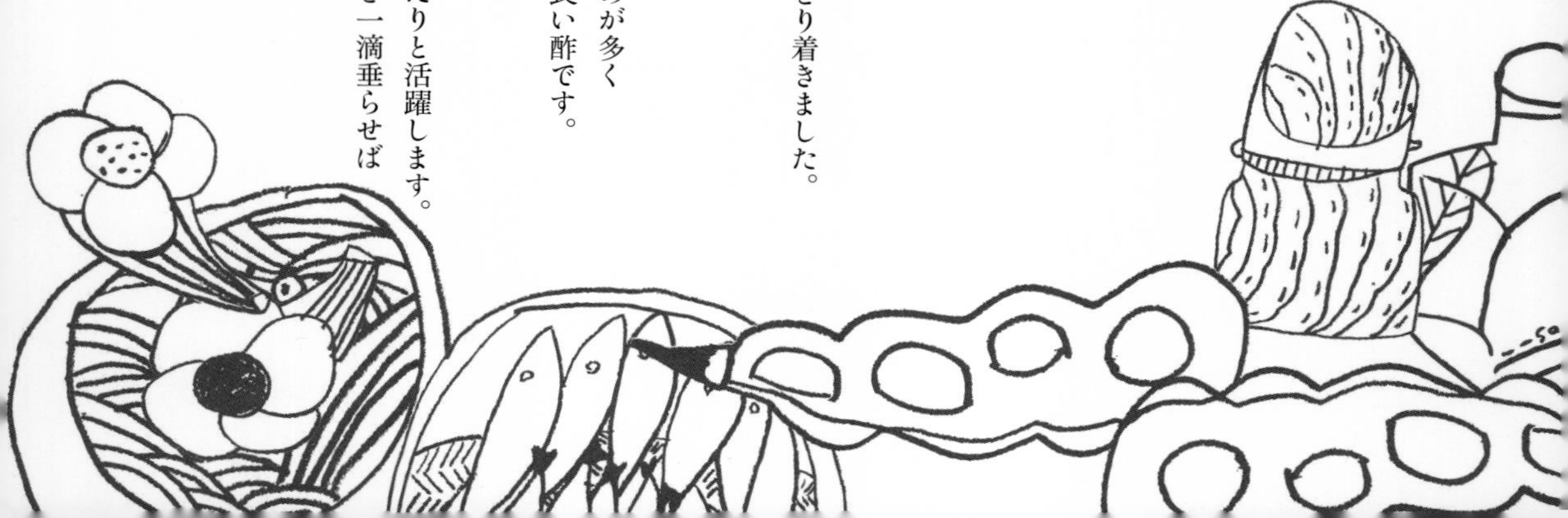

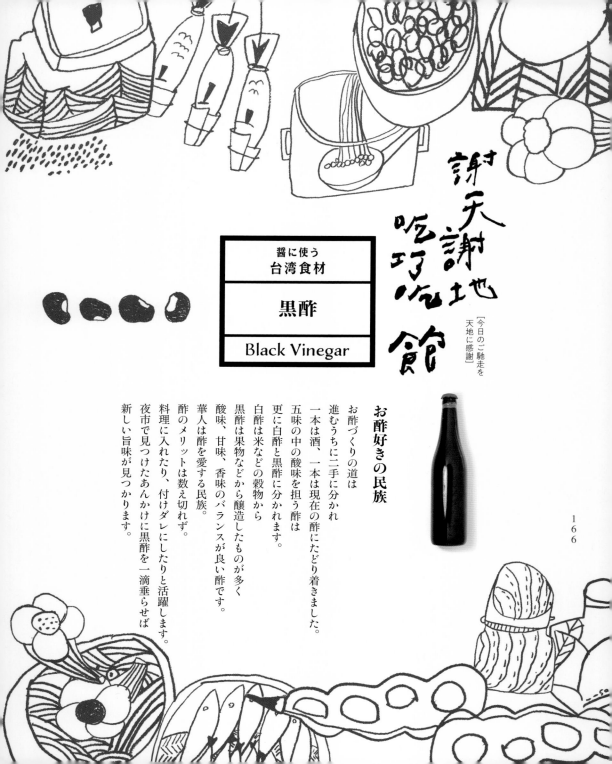

台湾醤と 相思相愛

焼きうどん

100% SAUCE

材料

うどん……3袋
苦茶油（又はオリーブ油）……大さじ1と½
豚こま肉……200g
黒酢のピリ辛醤……大さじ2
塩……適量
七味唐辛子……適量

作り方

1 うどんは茹でておく。
2 フライパンに油を入れ、豚こま肉を色が変わるまで炒めたら、うどんと黒酢のピリ辛醤を入れてさらに炒める。
3 最後に塩で味を調え、七味唐辛子を振りかける。

七味唐辛子

ピリリとした辛味と複雑な香りをまとう七味唐辛子。唐辛子、陳皮《チンピ》、胡麻、芥子、山椒、紫蘇《シソ》、海苔などの香味が含まれます。焼鳥とも、味噌汁とも相性ぴったり。台湾でもお馴染みです。

うどん

小麦粉を原材料とした太めの麺。台湾では「烏龍麺」と書いて「ウーロンミェン」と読みます。そう、「うどん」の当て字で、烏龍茶とは関係ありません。古くから台湾に根付いた和食は、夜市の屋台などでも見かけます。

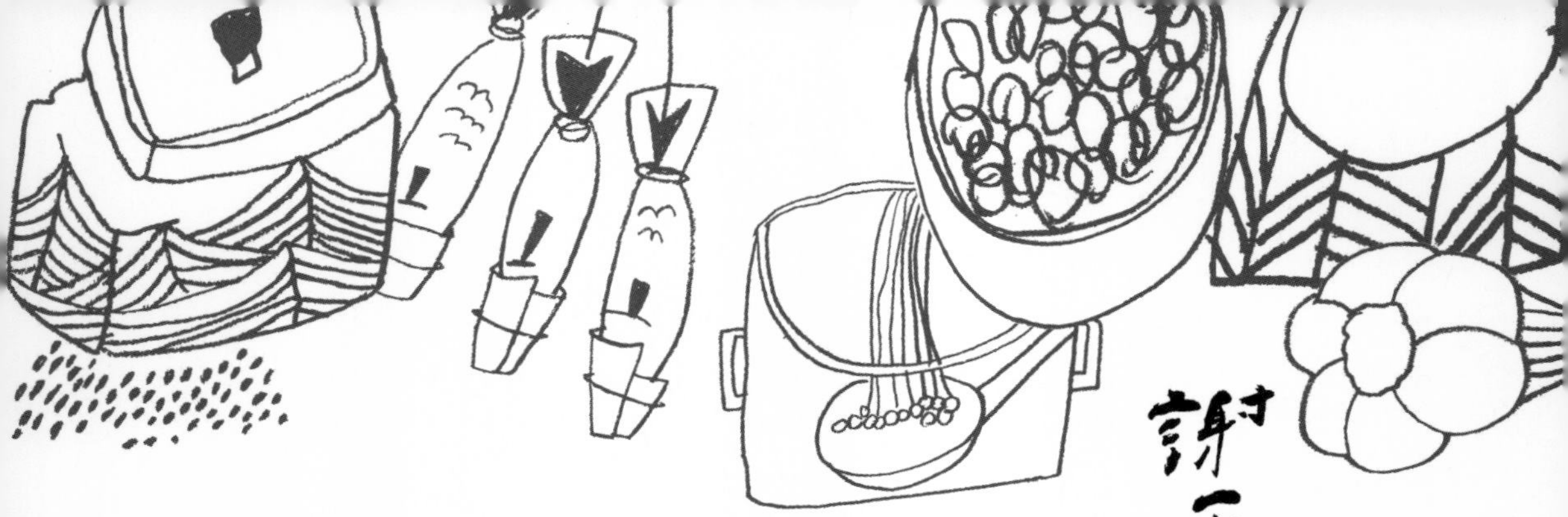

謝天謝地
吃巧吃館

[今日のご馳走を天地に感謝]

醤に使う
台湾食材

醤油

Soy Sauce

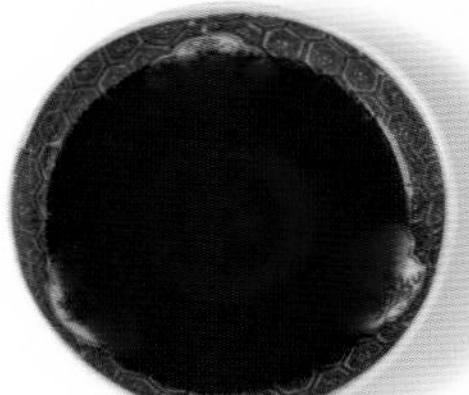

七つの必需品

中国には「七つの必需品」という考え方があります。

日々の生活を回す上で不可欠な七つの品。それは「柴、米、油、塩、醤、酢、茶」であり醤は醤油を意味します。

醤油は実に、日々の暮らしの七分の一を担う存在。黒豆を麹で発酵させ、かめの中でじっくり漬け年月をかけて風味を醸し出す醤油。刺し身にも、滷味《ルーウェイ》にも欠かせない東洋料理の基礎の基礎です。

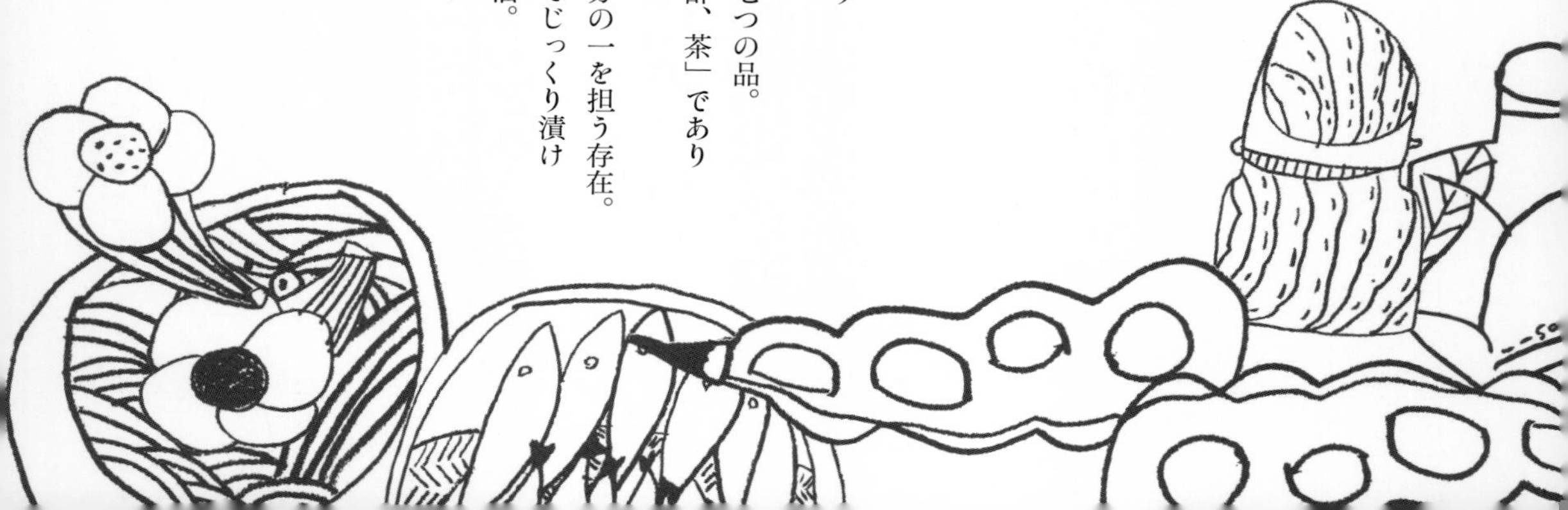

台湾醤と
相思相愛
ほうれん草のお浸し
100% SAUCE

材料

ほうれん草……300g
馬告のさっぱり醤油…大さじ2
鰹節……大さじ1と½
海苔のふりかけ……小さじ1
塩……適量

作り方

1 ほうれん草は茹でてぶつ切りに。
2 ほうれん草に馬告のさっぱり醤油、鰹節、海苔のふりかけ、塩を振りかける。

鰹節

鰹を煮た後、骨を除き、繰り返し焼いて燻製にし、水分を15%以下まで抑える鰹節。鰹の脂肪が分解され、まるで木屑のようになります。台湾でも鰹節はダシを取る時や、隠し味によく使われます。

海苔のふりかけ

台湾人はふりかけが大好きです。お粥に入れたり、青菜と混ぜたり。スーパーでお好みの味を探してみましょう。

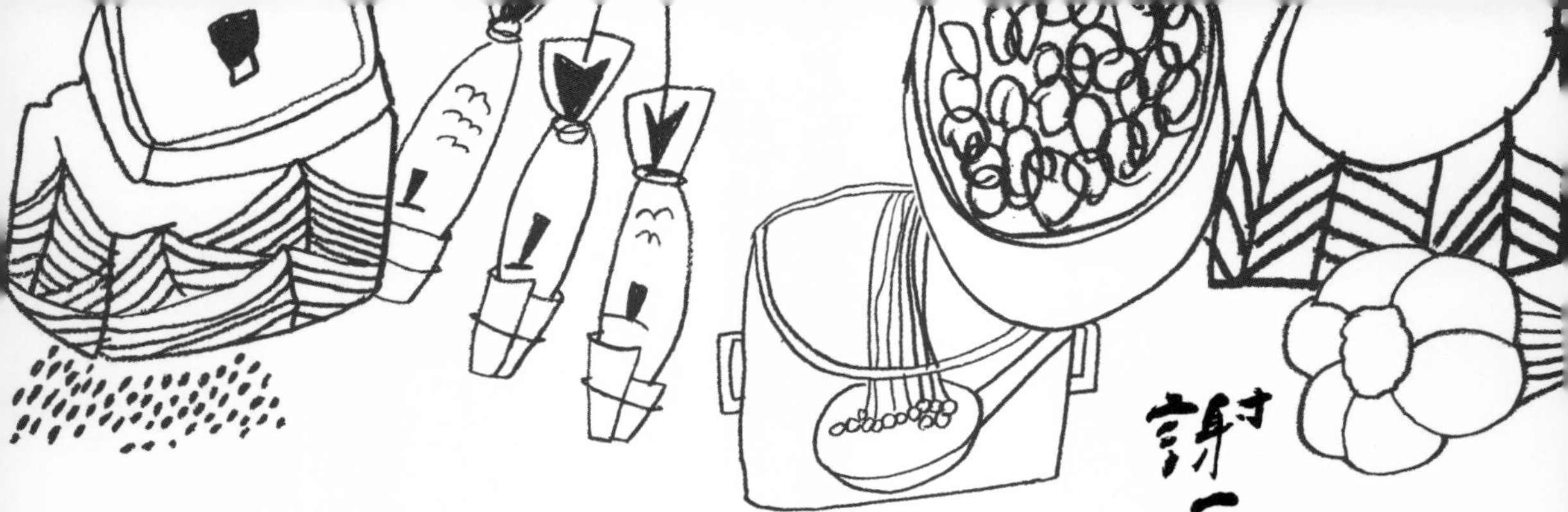

謝天謝地
吃巧吃
館

【今日のご馳走を天地に感謝】

醤に使う
台湾食材

黒糖

Dark Brown Sugar

土地が育んだ甘味

甘味は人間が長く追い求めてきた味です。
人は甘いものを食べると自然と口角が上がり
ちょっと優しい気持ちになれます。
台湾の砂糖はその多くがサトウキビ由来。
日本統治時代から受け継がれてきました。
砂糖作りは石油精製と似ていて
混じり気のない甘味を追求します。
一方で黒糖はミネラルを含む個性と風味豊かな糖。
土地が育んだ甘味はそのまま
伝統スイーツなどで好まれる味となりました。

材料

黒糖……80g
陳皮《チンピ》……3枚
クローブ……2g
シナモンスティック……1本
馬告《マーガオ》……2g
紅茶……5g

作り方

1 すべての材料を混ぜて缶に入れ、しばらく置く。

Taiwan pure=sauce

手作り醤

甘味と香味の共存共栄

香る黒糖

ケーキにスープに
活躍する魔法の甘味

- 美味しい期間 -

未開封冷蔵 30 日

甘

❶ 黒糖

サトウキビから作られる最初の砂糖で、脱色や精製《せいせい》する前の甘味を持ちます。自然な焦げ茶色の黒糖は生姜との相性がぴったり。

❷ クローブ

実は馴染みの深い香りです。歯医者さんが使う薬に含まれています。

❸ 馬告《マーガオ》

胡椒とレモンを合わせたような香りを持つ小さな黒い粒。塩味の中に独特の甘みを兼ね備えた調味料です。

紅茶 ❹

台湾の紅茶は独特です。完全な発酵と焙煎を経た深みのある紅茶は、冷めても香りと甘みが消えません。

陳皮《チンピ》 ❺

熟したマーコットの皮を乾燥させた、爽やかな柑橘系の香り。お茶に入れたり、入浴に使ったり。オレンジの皮でも代用可。

台湾醤と
季節の素材

風土食物

Taiwan
pure=sauce

香る黒糖 × 節句の食材

バナナ / 焼きバナナの砂糖がけ

材料

バナナ……4本
バター……40g
香る黒糖……大さじ2
ブランデー……大さじ3

作り方

1 バナナは皮を剥き斜め切りにする。バターで軽く炒めた後、細かくくだいた香る黒糖を加えて焦げ目が付くまで焼く。
2 最後にブランデーを回しかける。あればミントを飾る。

5 min

キヌア / キヌアラップ

材料

もち米……1カップ
キヌア……10g
香る黒糖……大さじ3
水……適量
苦茶油（又はオリーブ油）……大さじ1

作り方

1 もち米とキヌアはよく洗い、電鍋で煮て（普通の鍋でも代用可）、冷ましておく。
2 香る黒糖と水を混ぜて砂糖水を作る。
3 ビニール袋に1と2、油を入れてよく揉み、10分馴染ませると、つぶつぶ入りのおもちのようになる。
4 3の生地を薄く伸ばし、細長く丸める。
5 食べやすい大きさに切って皿に盛る。

30 min

寒露

丸鯵《マルアジ》 / 丸鯵とピーナッツ

材料

唐辛子……2本
苦茶油（又はオリーブ油）……大さじ1と$\frac{1}{2}$
丸鯵（乾燥）……100g
ピーナッツ……200g
醤油……大さじ2と$\frac{1}{2}$
香る黒糖……大さじ2と$\frac{1}{2}$
塩……小さじ1

作り方

1 唐辛子は輪切りに。
2 フライパンに油を熱し、丸鯵を香りよく炒めたら、唐辛子を加えて更に炒める。
3 ピーナッツを加えて混ぜ、醤油を回しかける。
4 最後に細かくくだいた香る黒糖を絡め、塩で味を調える。

10min

大雪

葉にんにく / イイダコと葉にんにくの炒め煮

材料

イイダコ……250g
葉にんにく……1本
香る黒糖……大さじ1と$\frac{1}{2}$
醤油……大さじ1と$\frac{1}{2}$

作り方

1 イイダコは洗って内臓を取り除き、ぶつ切りに。葉にんにくは斜め切りに。
2 乾いた鍋でイイダコを炒め、丸まってきたら香る黒糖と醤油を入れて汁気がなくなるまで炒める。
3 最後に葉にんにくを加えてサッと混ぜる。

15min

スパイスミルクティー

台湾醤と
異文化

ホットドリンク

インド

India

インドではもともとお茶は
薬とされてきましたが、
イギリス植民地時代を経て
茶の時間を楽しむ習慣ができました。
紅茶とミルクを合わせたイギリス式は、
インドでさらに香料を加えて進化。
土地と文化に育まれた
インドのスパイスミルクティーをどうぞ。

材料

水……………………300cc
紅茶…………………8g
牛乳…………………500cc
香る黒糖……………大さじ4

作り方

1 水を沸騰させて紅茶を煮出し、牛乳と香る黒糖を加えて混ぜる。
2 飲むときは茶葉を濾す。

台湾醤と相思相愛

ピリ辛大豆麺

100% SAUCE

材料

胡麻と辣油の醤……大さじ2
黒酢……大さじ2
醤油……大さじ2
大豆麺……250g

作り方

1 お椀の中で胡麻と辣油の醤、黒酢、醤油を混ぜる。
2 茹でた大豆麺を入れて混ぜる。

黒酢

黒酢は、白酢に比べると香りが高く、甘味があります。酢は七つの必需品の一つ。暮らしに欠かせません。

大豆麺

大豆を粉にして製麺したもの。日干しにして形を調えた大豆麺は、淡白で素直な味わい。失われつつある伝統ですが、夜市などで見かけることがあります。

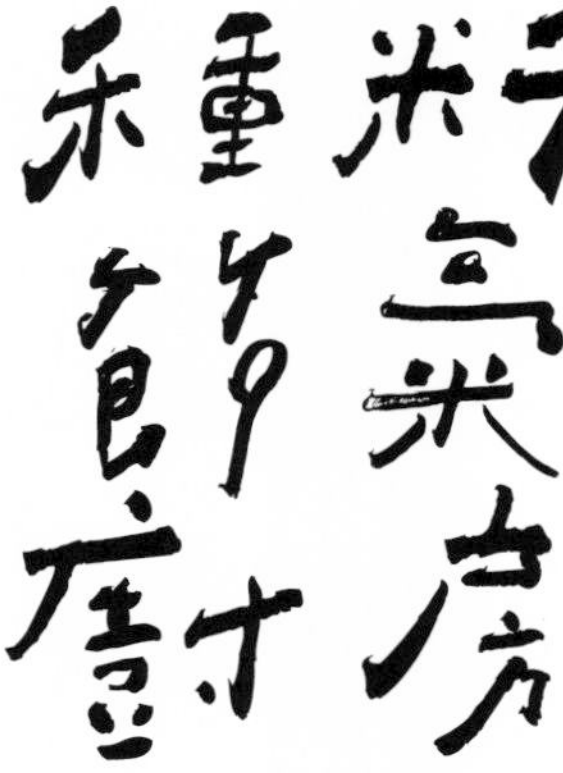

SEED

-lab-

時間のなかをお散歩しつつ
心と身体の出発点、
家で過ごしてみませんか

故郷に根を下ろし、再出発すること。
生まれた土地との大切な約束。
地元の食を愛し、発酵を愛し
古いものを愛し、伝統色を愛し
デザインを愛し、創作を愛する心。
すべての想いと、言葉と、土地々々の食材の
研究と発見に感謝します。
私たちは種籽です。

種籽設計（しゅしせっけい）

台湾のデザイン事務所。グラフィックデザイン、ＷＥＢデザイン、プロダクトデザインなどを手掛けるほか、体験をデザインする「ストーリーテリングデザイン」を提供。イラストレーションを使ったデザインに定評がある。２０１２年「Ｓｅｅｄ 節氣食飲研究」を立ち上げ、土地や歴史に根付いた食、農業や伝統的レシピについて研究・発信している。日本で刊行されている書籍に『台湾漬 二十四節気の保存食』（翔泳社刊）がある。

https://www.facebook.com/seeddesign/

光瀬 憲子（みつせ・のりこ）

紀行作家、翻訳・通訳者。１９７２年、横浜生まれ。90年代から台北で留学や就職、結婚や子育てを経験。訳書に『台湾漬 二十四節季の保存食』（翔泳社）。著書に『台湾一周!!途中下車、美味しい旅』『台湾グルメ３５０品！食べ歩き事典』（いずれも双葉社）、『美味しい台湾食べ歩きの達人』（光文社）など。クロワッサン'19年3月25日号の台湾特集で執筆とコーディネートを担当。ぴあ、双葉社でＷＥＢコラムを連載中。株式会社キーワード所属。

https://twitter.com/keyword101

◎読者プレゼント

本書の刊行を記念して、読者プレゼントをご用意しました。以下の URL よりダウンロードしてください（要会員登録）。

https://www.shoeisha.co.jp/book/present/9784798165165/

百分百台灣味
100%
Taiwan sauce
台灣醬

台湾の美味しい調味料
台湾醤《タイワンジャン》

2020年8月6日　初版第1刷発行

著者――――種籽設計《しゅしせっけい》
訳者――――光瀬憲子《みつせのりこ》
発行人―――佐々木 幹夫
発行所―――株式会社 翔泳社（https://www.shoeisha.co.jp/）
印刷・製本――日経印刷 株式会社

ISBN978-4-7981-6516-5
Printed in Japan

STAFF
装丁・デザイン――いわながさとこ
DTP――山元美乃
編集――古賀あかね

●問い合わせ
本書に関するご質問、正誤表については以下のWebサイトをご参照ください。

正誤表
https://www.shoeisha.co.jp/book/errata/
刊行物Q&A
https://www.shoeisha.co.jp/book/qa/

インターネットをご利用でない場合は、FAXまたは郵送で、下記にお問い合わせください。電話でのご質問はお受けしておりません。

〒160-0006
東京都新宿区舟町5
FAX番号　03-5362-3818
宛先（株）翔泳社 愛読者サービスセンター係